KB145336

배워서 바로 써먹는

찰떡 한국어

재미있는 한국 생활을 위한

꿀잼 회화

SD에듀

(주)시대고시기획

PREFACE 머리말

책을 쓴 이유

한국어를 알면 한국에서의 생활이 편리해집니다. 물건을 살 때, 대중교통을 이용할 때, 병원이나 약국에 갔을 때 한국어로 소통해야 하니까요. 그런데 이 정도의 기본적인 소통으로는 뭔가 부족한 느낌이 있습니다. 한국 생활에 '불편함'은 없지만 '재미'도 없지요. 재미있는 한국 생활을 위해서는 기본 그 이상의 한국어 회화 능력이 필요합니다. 한국 사람들과 생각이나 감정을 나누고 특정 주제에 대해 자세한 이야기를 나눌 수 있는 정도의 회화 능력 말이지요. 예를 들면, '썸'을 타다가 연애를 시작한 친구를 축하하거나 면접에서 '미역국을 먹은' 친구를 위로할 수도 있을 거고요, 음악이나 건강, 교육, 경제 등의 이야기를 나눌 수도 있을 거예요. 그래서 '필수 회화'에서는 한국에서의 기본적인 생활을 위한 필수 표현을 다뤘다면, '꿀잼 회화'에서는 재미있는 한국 생활을 위한 여러 가지 감정 표현과 의사 전달 방법을 다뤘습니다. 참고로 '꿀잼'이란 '꿀(honey)'과 '잼('재미있다'를 줄인 말)'을 합친 말로 '정말 재미있다.'라는 뜻의 유행어랍니다. '썸', '미역국을 먹다'는 무슨 뜻이냐고요? 그건 '꿀잼 회화'를 보면 알 수 있을 거예요!

책의 특징

이 책은 크게 '일상 대화 편'과 '주제 대화 편'으로 구분되어 있습니다. 편당 8개씩, 총 16개의 PART로 구성되어 있지요. PART별 한국 문화와 중요 표현을 살펴보고 대화문을 읽으며 실제로 한국인이 사용하는 다양한 표현을 익힐 수 있어요. 공부한 내용은 간단한 퀴즈를 풀면서 복습할 수도 있답니다.

독자들에게 바람

이 책은 학교나 학원 같은 한국어 교육 기관에서 쓰는 교재(textbook)를 대신하는 것이 아닙니다. 교재에서 다루지 못하는 부분을 보충하는 책이라는 것을 꼭 알아 두셨으면 좋겠습니다. 여러분이 한국어 교육 기관을 통해 배운 것들이 이 책을 이해하는 데 도움이 될 것이고, 또 이 책이 여러분이 한국어 교육 기관에서 한국어를 배울 때 도움이 될 것입니다. 그러니까 이 책으로만 공부한다고 생각하지 말고, 지금 하는 한국어 공부를 계속하면서 이 책도 함께 보시기를 부탁드립니다. 이 책으로 여러분의 한국어가 더 세련되어지길, 그리고 언젠가 여러분이 한국인보다 더 한국인같이 자연스러운 한국어를 할 수 있게 되길 빕니다.

감사 인사

못난 남편 뒷바라지 하는데도 누구보다 곱게 늙고 있는 조강지처 지영이와 세상에서 가장 예쁜 미소로 힘을 주는 아들 유빈이와 딸 수빈이에게 고맙다는 말을 남깁니다. 또한 스스로의 부족함을 잘 아는 제가 자꾸만 이 세상에서 최고로 잘난 사람이라고 착각하게 하시는 아버지께도 너무 고맙고 사랑한다고 말씀드리고 싶습니다. 마지막으로 이 책의 저자로는 제 이름이 들어가 있지만, 사실은 저 혼자 쓴 게 아닙니다. 책의 기획부터 내용의 구성과 수정, 탈고까지 모두 편집자와 함께 했습니다. 더 정확히 말하자면 편집자가 차려 준 밥상에 저는 숟가락만 얹은 것이지만 그냥 좀 뻔뻔하게 같이 썼다고 해 두겠습니다. 좋은 아이디어로 책을 기획하고, 부족한 제 글을 멋지게 수정해 주고, 완벽한 흐름을 갖도록 구성해 주신 SD에듀 한국어팀 편집자 분들께 이 지면을 빌려 감사의 말씀 전합니다.

2023. 봄, 임준

찰떡 한국어 100% 활용 방법

STEP 1 주제별 한국 문화와 함께 대화문의 중요 표현을 미리 확인해 보세요.

PART

01 🔊 MP3 01

첫 만남 갖기

1 정말 좋은 분이라고 들었어요.
2 지금 프엉 씨에게 전화 걸었어요.
3 팔로우 요청해도 돼요?
4 여기 제 명함입니다.

알아 두면 쓸모 있는 한국 문화

|한국 사람들은 왜 상대방의 나이를 궁금해 해요?|
'오빠, 언니, 형, 누나'는 원래 자신보다 나이가 많은 형제를 부르는 호칭입니다. 는 형제가 아니더라도 자신보다 나이가 많은, 가까운 사람을 '오빠, 언니, 형, 누다. 그래서 한국 사람들은 어떤 사람을 처음 알게 되고 그 사람과의 관계가 조 서로의 호칭을 정하기 위해서 나이를 물어봅니다. 자신보다 나이가 많은 사람은 누나'라는 호칭으로 부르고 자신보다 나이가 어린 사람은 이름으로 부르는 것이

미리 보는 중요 표현

- 지영이가 저에 대해 어떤 말을 하던가요?
- 지영이가 기대치를 너무 올려놓았네요.
- 우리가 같은 조인가요?
- 서로 연락처를 알아 두었으면 해요.
- 우리 맞팔해요. 제 아이디 알려 드릴게요.
- 저는 친구들과 디엠으로 연락을 주고받거든요.
- 미팅을 지하철 근처 카페에서 할 걸 그랬어요.
- 대기업 사옥은 어떻게 생겼는지 궁금해서요.

❶ 대화문 MP3

책에 나오는 모든 대화문을 MP3로 들을 수 있습니다. 한국인들의 생생한 대화를 들으며 재미있게 공부해 보세요.

❷ 알아 두면 쓸모 있는 한국 문화

주제별 한국 문화를 읽으며 재미있게 공부할 수 있습니다. 한국 문화를 통해 한국과 더 가까워지세요.

❸ 미리 보는 중요 표현

대화문의 중요 표현을 한곳에 모아 두었습니다. 공부할 내용을 미리 상상해 보면 내용을 더 쉽게 이해할 수 있겠지요.

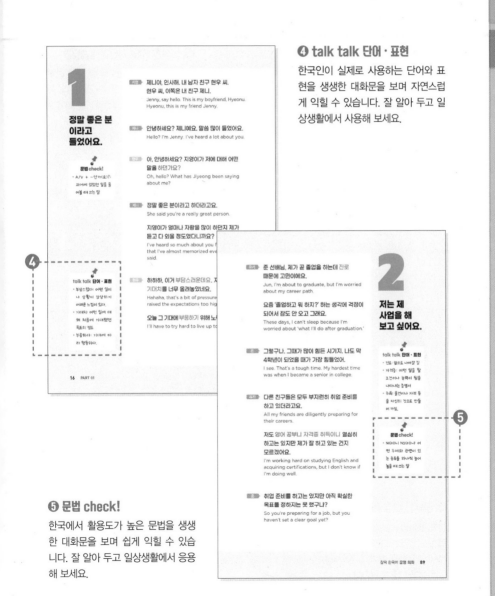

❹ talk talk 단어 · 표현

한국인이 실제로 사용하는 단어와 표현을 생생한 대화문을 보며 자연스럽게 익힐 수 있습니다. 잘 알아 두고 일상생활에서 사용해 보세요.

1

정말 좋은 분이라고
들었어요.

📌 문법 check!
· A/V + ~던가요?:
과거에 있었던 일을 물
어볼 때 쓰는 말

男1 제니야, 인사해. 내 남자 친구 현우 씨.
현우 씨, 이쪽은 내 친구 제니.
Jenny, say hello. This is my boyfriend, Hyeonu.
Hyeonu, this is my friend Jenny.

女1 안녕하세요? 제니에요. 말씀 많이 들었어요.
Hello? I'm Jenny. I've heard a lot about you.

男2 아, 안녕하세요? 지영이가 저에 대해 어떤
말을 하던가요?
Oh, hello? What has Jiyeong been saying about me?

女2 정말 좋은 분이라고 하더라고요.
She said you're a really great person.

지영이가 얼마나 자랑을 많이 하던지 제가
듣고 다 외울 정도였다니까요?
I've heard so much about you f
that I've almost memorized eve
said.

男3 하하하, 이거 부담스러운데요. 지
기대치를 너무 올려놓으네요.
Hahaha, that's a bit of pressure
raised the expectations too high

오늘 그 기대에 부응하기 위해 노
I'll have to try hard to live up to

📌 talk talk 단어 · 표현
· 부담스럽다: 어떤 일이
나 상황이 감당하기
어려운 느낌이 있다.
· 기대치: 어떤 일에 대
해 처음에 기대했던
목표치 정도.
· 부응하다: 기대에 따
라 행동하다.

16 PART 01

男1 준 선배님, 제가 곧 졸업을 하는데 진로
때문에 고민이에요.
Jun, I'm about to graduate, but I'm worried
about my career path.

요즘 '졸업하고 뭐 하지?' 하는 생각에 걱정이
되어서 잠도 안 오고 그래요.
These days, I can't sleep because I'm
worried about 'what I'll do after graduation.'

女 그렇구나. 그때가 많이 힘든 시기지. 나도 막
4학년이 되었을 때가 가장 힘들었어.
I see. That's a tough time. My hardest time
was when I became a senior in college.

男2 다른 친구들은 모두 부지런히 취업 준비를
하고 있더라고요.
All my friends are diligently preparing for
their careers.

저도 영어 공부나 자격증 취득이나 열심히
하고는 있지만 제가 잘 하고 있는 건지
모르겠어요.
I'm working hard on studying English and
acquiring certifications, but I don't know if
I'm doing well.

女 취업 준비를 하고는 있지만 아직 확실한
목표를 정하지는 못 했구나?
So you're preparing for a job, but you
haven't set a clear goal yet?

2

저는 제
사업을 해
보고 싶어요.

📌 talk talk 단어 · 표현
· 진로: 앞으로 나아갈 길
· 자격증: 어떤 일을 할
조건이나 능력이 됨을
나타내는 증명서
· 취득: 졸업이나 자격 등
을 자신의 것으로 만들
어 가짐.

📌 문법 check!
· N(이)나 N(이)나: 어
떤 두세까 관련이 있
는 등등을 하나씩 늘어
놓을 때 쓰는 말

정확 한국어 문형 회화 89

❺ 문법 check!

한국에서 활용도가 높은 문법을 생생한 대화문을 보며 쉽게 익힐 수 있습니다. 잘 알아 두고 일상생활에서 응용해 보세요.

STEP 3 공부한 내용은 퀴즈를 풀면서 확인해 보세요.

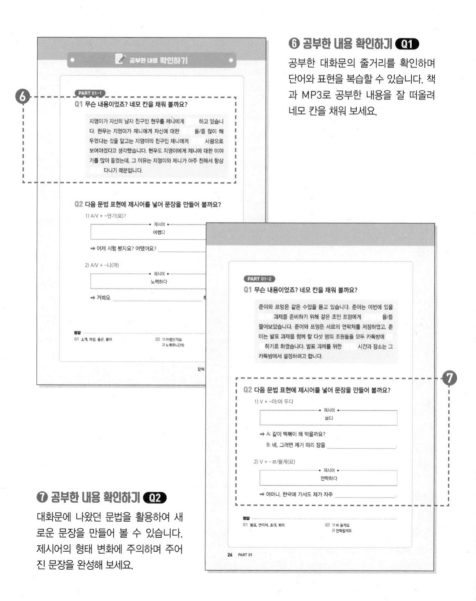

❻ 공부한 내용 확인하기 Q1

공부한 대화문의 줄거리를 확인하며 단어와 표현을 복습할 수 있습니다. 책과 MP3로 공부한 내용을 잘 떠올려 네모 칸을 채워 보세요.

공부한 내용 확인하기

PART 01-1
Q1 무슨 내용이었죠? 네모 칸을 채워 볼까요?

지영이가 자신의 남자 친구인 현우를 제니에게 ☐☐ 하고 있습니다. 현우는 지영이가 제니에게 자신에 대한 ☐☐ 을/를 많이 해 두었다는 것을 알고는 지영이의 친구인 제니에게 ☐☐ 사람으로 보여줘야겠다고 생각했습니다. 현우도 지영이에게 제니에 대한 이야기를 많이 주었는데, 그 이유는 지영이와 제니가 아주 친해서 항상 다니기 때문입니다.

Q2 다음 문법 표현에 제시어를 넣어 문장을 만들어 볼까요?

1) A/V + -던가(요)?

• 제시어 •
어렵다

➡ 어제 시험 봤지요? 어땠어요? ☐☐☐☐☐

2) A/V + -니(까)

• 제시어 •
노력하다

➡ 거봐요. ☐☐☐☐

정답
Q1 소개, 자랑, 좋은, 들어   Q2 1) 어렵던가요
　　　　　　　　　　　　　　　　2) 노력하니(까)

PART 01-2
Q1 무슨 내용이었죠? 네모 칸을 채워 볼까요?

준이와 프엉은 같은 수업을 듣고 있습니다. 준이는 이번에 있을 ☐☐ 과제를 준비하기 위해 같은 조인 프엉에게 ☐☐ 을/를 물어보았습니다. 준이와 프엉은 서로의 연락처를 저장하였고, 준이는 발표 과제를 함께 할 다섯 명의 조원들을 모두 카톡방에 ☐☐ 하기로 하였습니다. 발표 과제를 위한 ☐☐ 시간과 장소는 그 카톡방에서 결정하려고 합니다.

Q2 다음 문법 표현에 제시어를 넣어 문장을 만들어 볼까요?

1) V + -아/어 두다

• 제시어 •
보다

➡ A: 같이 떡볶이 해 먹을까요?
　 B: 네, 그러면 제가 미리 장을 ☐☐☐☐☐☐.

2) V + -ㄹ게(요)

• 제시어 •
연락하다

➡ 어머니, 한국에 가서도 제가 자주 ☐☐☐☐☐.

정답
Q1 필요, 연락처, 초대, 회의   Q2 1) 봐 둘게요
　　　　　　　　　　　　　　　　　2) 연락할게요

❼ 공부한 내용 확인하기 Q2

대화문에 나왔던 문법을 활용하여 새로운 문장을 만들어 볼 수 있습니다. 제시어의 형태 변화에 주의하며 주어진 문장을 완성해 보세요.

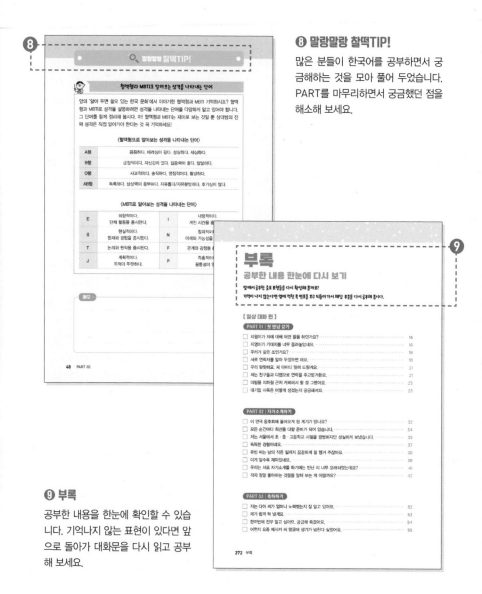

⑧ 말랑말랑 찰떡TIP!

많은 분들이 한국어를 공부하면서 궁금해하는 것을 모아 풀어 두었습니다. PART를 마무리하면서 궁금했던 점을 해소해 보세요.

⑨ 부록

공부한 내용을 한눈에 확인할 수 있습니다. 기억나지 않는 표현이 있다면 앞으로 돌아가 대화문을 다시 읽고 공부해 보세요.

CONTENTS 차례

일상 대화 편

주제 대화 편

MP3 다운로드 경로 안내
www.sdedu.co.kr 접속 ➜ 학습 자료실 클릭 ➜ MP3 클릭 ➜
'배워서 바로 써먹는 찰떡 한국어 꿀잼 회화' 검색

일상 대화 편

PART 01 첫 만남 갖기

PART 02 자기소개하기

PART 03 축하하기

PART 04 위로하기

PART 05 고민 상담하기

PART 06 감사 인사하기

PART 07 요청 · 제안하기

PART 08 사과하기

PART 01

●| MP3 01

첫 만남 갖기

1 정말 좋은 분이라고 들었어요.

2 지금 프엉 씨에게 전화 걸었어요.

3 팔로우 요청해도 돼요?

4 여기 제 명함입니다.

알아 두면 쓸모 있는 한국 문화

[한국 사람들은 왜 상대방의 나이를 궁금해 해요?]

'오빠, 언니, 형, 누나'는 원래 자신보다 나이가 많은 형제를 부르는 호칭입니다. 그런데 한국에서는 형제가 아니더라도 자신보다 나이가 많은, 가까운 사람을 '오빠, 언니, 형, 누나'라고 부른답니다. 그래서 한국 사람들은 어떤 사람을 처음 알게 되고 그 사람과의 관계가 조금 더 가까워지면 서로의 호칭을 정하기 위해서 나이를 물어봅니다. 자신보다 나이가 많은 사람은 '오빠, 언니, 형, 누나'라는 호칭으로 부르고 자신보다 나이가 어린 사람은 이름으로 부르는 것이지요.

- 지영이가 저에 대해 어떤 말을 하던가요?

- 지영이가 기대치를 너무 올려놓았네요.

- 우리가 같은 조인가요?

- 서로 연락처를 알아 두었으면 해요.

- 우리 맞팔해요. 제 아이디 알려 드릴게요.

- 저는 친구들과 디엠으로 연락을 주고받거든요.

- 미팅을 지하철 근처 카페에서 할 걸 그랬어요.

- 대기업 사옥은 어떻게 생겼는지 궁금해서요.

정말 좋은 분 이라고 들었어요.

문법 check!
* A/V + -던가(요)?:
  과거에 있었던 일을 물
  어볼 때 쓰는 말

talk talk 단어 · 표현
* 부담스럽다: 어떤 일이
  나 상황이 감당하기
  어려운 느낌이 있다.
* 기대치: 어떤 일에 대
  해 처음에 기대했던
  목표의 정도
* 부응하다: 기대에 따
  라 행동하다.

 지영 제니야, 인사해. 내 남자 친구 현우 씨.
현우 씨, 이쪽은 내 친구 제니.
Jenny, say hello. This is my boyfriend, Hyeonu.
Hyeonu, this is my friend Jenny.

제니 안녕하세요? 제니예요. 말씀 많이 들었어요.
Hello? I'm Jenny. I've heard a lot about you.

현우 아, 안녕하세요? 지영이가 저에 대해 어떤
말을 하던가요?
Oh, hello? What has Jiyeong been saying
about me?

 제니 정말 좋은 분이라고 하더라고요.
She said you're a really great person.

지영이가 얼마나 자랑을 많이 하던지 제가
듣고 다 외울 정도였다니까요?
I've heard so much about you from Jiyeong
that I've almost memorized everything she's
said.

현우 하하하, 이거 부담스러운데요. 지영이가
기대치를 너무 올려놓았네요.
Hahaha, that's a bit of pressure. Jiyeong has
raised the expectations too high.

오늘 그 기대에 부응하기 위해 노력해야겠어요.
I'll have to try hard to live up to that today.

저도 지영이에게 제니 씨 이야기를 많이 들었어요.

I've also heard a lot about you, Jenny, from Jiyeong.

지영이가 하는 이야기 중에 반은 제니 씨 이야기였거든요.

Half of her stories were about you.

제니 ▶ 그래요? 우리가 매일 붙어 다니니까 그런가 봐요.

Really? I guess that's because we hang out together every day.

talk talk 단어 · 표현

• 붙어 다니다: 항상 함께 지내다.

문법 check!

• A/V + -니(까): 이유를 나타낼 때 쓰는 말

2

지금 프엉 씨에게 전화 걸었어요.

talk talk 단어 · 표현

• 조: 어떤 목적을 위해 모인, 적은 수의 사람들로 이루어진 집단 ≒ 모둠

문법 check!

• V + −아/어 두다: ① 어떤 동작을 한 후 그 상태가 계속됨을 나타낼 때 쓰는 말, ② 어떤 일에 대비해서 미리 준비함을 나타낼 때 쓰는 말. 여기서는 ②의 뜻

준 ▶ 저, 프엉 씨, 맞으시죠?
Excuse me, Phuong, right?

프엉 ▶ 네, 무슨 일로…?
Yes, what can I do for you…?

준 ▶ 저는 김준입니다. 국제통상학원론 수업을 듣고 있어요.
I'm Jun Kim. I'm taking the International Trade Theory class.

프엉 씨도 이 수업 들으시죠?
You're taking this class too, right?

프엉 ▶ 아, 혹시 우리가 같은 조인가요? 이번에 발표하는 과제요.
Oh, are we in the same group? For the upcoming presentation assignment?

준 ▶ 네, 그래서 서로 연락처를 알아 두었으면 해요.
Yes, so we should exchange our contact information.

프엉 ▶ 그러면, 제 전화번호를 알려 드리면 될까요?
Then, should I give you my phone number?

준 ▶ (핸드폰을 주면서) 네, 여기에 입력해 주시겠어요?
(Handing over the phone) Yes, could you input it here?

프엉 ▶ (전화번호를 입력한 후) 여기요.

(After inputting the number) Here you go.

준 ▶ 감사합니다. (통화 버튼을 누르며) 지금
프엉 씨에게 전화 걸었어요.

Thank you. (Pressing the call button) I just
called you, Phuong.

(프엉의 핸드폰에 뜬 번호를 확인한 후) 이게
제 번호예요.

(After confirming the number on Phuong's
phone) This is my number.

프엉 ▶ 아, 고맙습니다. 지금 바로 저장해 놓을게요.

Oh, thank you. I'll save it right away.

준 ▶ 네, 우리 조는 프엉 씨랑 저까지 모두
5명이네요. 이따가 조원들 전부 카톡방에
초대할게요.

Yes, our group has a total of 5 members,
including Phuong and me. I'll invite everyone
to the group chat later.

발표 과제 회의 시간과 장소는 거기서 결정해요.

We'll decide the meeting time and place for
the presentation assignment there.

프엉 ▶ 네, 기다리고 있을게요.

Sure, I'll be waiting.

문법 check!

• V + -ㄹ/을게(요): 미
래에 어떤 행동을 하
기로 약속하거나 의지
를 나타낼 때 쓰는 말

3

팔로우
요청해도
돼요?

talk talk 단어 · 표현
* 들르다: 지나가는 길에
  잠깐 들어가 머무르다.

준 ▶ 어? 프엉 씨! 일찍 나오셨네요?
Oh? Phuong! You came early?

프엉 ▶ 안녕하세요? 준 씨.
Hello? Jun.

준 ▶ 왜 이렇게 일찍 왔어요?
Why did you come so early?

프엉 ▶ 수업이 일찍 끝나서 미리 와 있었어요.
My class ended early, so I came ahead.

집에 들렀다가 오면 좀 늦을 것 같아서요.
I thought I'd be late if I went home first.

준 ▶ 아, 그랬군요. 그런데 뭘 그렇게 열심히 보고
있었어요?
Oh, I see. What were you looking at so
intently?

프엉 ▶ 제가요?
Me?

준 ▶ 네, 중요한 일 하고 있었어요?
Yes, were you doing something important?

프엉 ▶ 아니요. 그냥 인스타그램 피드를 보고 있었어요.
No, I was just looking at Instagram feeds.

봄이라 그런지 꽃놀이 간 사진들이 많이 올라왔네요.

Since it's spring, there are many photos of people going to see flowers.

준 하하하, 그랬군요. 저도 인스타그램 하는데 팔로우 요청해도 돼요?

Hahaha, I see. I'm also on Instagram. Can I send you a follow request?

프엉 네, 그럼요. 우리 맞팔해요. 제 아이디 알려 드릴게요.

Yes, of course. Let's follow each other. I'll give you my ID.

준 와, 이제 프엉 씨에게 인스타그램 디엠으로 연락할 수 있겠네요.

Wow, now I can contact you through Instagram DMs.

저는 친구들과 디엠으로 연락을 주고받거든요.

I usually communicate with my friends through DMs.

문법 check!

• A/V + -아/어(서) 그런지, N(이)라(서) 그런지: 어떤 이유에 대해 추측할 때 쓰는 말

• A/V + -거든(요): ① 이유, 원인, 근거를 나타낼 때 쓰는 말, ② 뒤에 이어질 내용의 전제를 이야기하면서 이야기가 계속 이어짐을 나타낼 때 쓰는 말. 여기서는 ①의 뜻

talk talk 단어 · 표현

• 꽃놀이(를) 가다: 봄꽃 행사에 참여하거나 꽃을 구경하기 위해 놀러 가다.

• 맞팔: 인스타그램에서 서로의 계정을 팔로우함.

• 디엠(DM): 인스타그램의 다이렉트 메시지 (Direct Message)

여기 제
명함입니다.

talk talk 단어 · 표현
- 명함: 자신의 이름, 직업, 주소, 연락처 등을 적은 작은 종이

유토 ▶ 안녕하세요? 시대물산 해외사업부 유토라고 합니다.
Hello, I'm Yuto from the Overseas Business Division of Sidae Trading.

지수 ▶ 안녕하세요? 최지수입니다. 말씀 많이 들었습니다.
Hello, I'm Jisu Choi. I've heard a lot about you.

추진력도 좋으시고 일을 굉장히 잘하신다고요. 그래서 기대가 큽니다.
People say you have a great drive and also do a great job. That's why I have high expectations.

유토 ▶ 하하하, 감사합니다. 여기 제 명함입니다.
Hahaha, thank you. Here's my business card.

지수 ▶ 사이토 유토… 음, 대리님이라고 부르면 될까요?
Saito Yuto… um, should I call you Assistant Manager?

유토 ▶ 네, 그렇게 불러 주세요.
Yes, please do so.

직함이… 부장님 맞으시죠? 제가 부장님이라고 부르면 될까요?
Your title is… Senior Director, right? Can I call you Director?

지수 ▶ 네, 맞습니다. 그렇게 불러 주세요. 제 명함은
회의실에서 드릴게요.

Yes, that's correct. Please call me that. I'll give
you my business card in the meeting room.

오시는 데 힘들지 않으셨어요? 지금 차 막힐
시간인데….

Did you have any trouble getting here? It's
a busy time for traffic right now….

유토 ▶ 아니요, 괜찮았습니다. 차가 많이 막힐 것
같아서 지하철로 이동했어요.

No, it was fine. I took the subway because I
thought there would be a lot of traffic.

지수 ▶ 아, 고생 많으셨네요. 이럴 줄 알았으면
미팅을 지하철 근처 카페에서 할 걸 그랬어요.

Ah, you must have had a hard time. If I had
known, I would have held the meeting at a
cafe near the subway.

유토 ▶ 아닙니다. 여기 꼭 와 보고 싶었거든요.

No, I really wanted to come here.

대기업 사옥은 어떻게 생겼는지 궁금해서요.

I was curious about what a large company's
building looked like.

문법 check!
- V + -ㄹ 걸 그랬
다: 어떤 것을 하지 않
았음을 후회할 때 쓰
는 말
- A/V + -ㄴ/은/는지 궁
금하다/알다/모르다:
어떤 것에 대해 궁금
할 때/알 때/모를 때
쓰는 말

talk talk 단어 · 표현
- 사옥: 회사가 있는 건물

지수 ▶ 하하하, 그래요? 그렇다면 다행이네요.

Hahaha, really? Then I'm glad.

그러면 회의실로 가 볼까요? 이쪽으로 오세요.

Shall we go to the meeting room? Please come this way.

유토 ▶ 네, 알겠습니다.

Yes, sure thing.

PART 01-1

Q1 무슨 내용이었죠? 네모 칸을 채워 볼까요?

> 지영이가 자신의 남자 친구인 현우를 제니에게 　　　 하고 있습니다. 현우는 지영이가 제니에게 자신에 대한 　　　 을/를 많이 해 두었다는 것을 알고는 지영이의 친구인 제니에게 　　　 사람으로 보여야겠다고 생각했습니다. 현우도 지영이에게 제니에 대한 이야기를 많이 들었는데, 그 이유는 지영이와 제니가 아주 친해서 항상 다니기 때문입니다.

Q2 다음 문법 표현에 제시어를 넣어 문장을 만들어 볼까요?

1) A/V + -던가(요)?

● 제시어 ●
어렵다

➡ 어제 시험 봤지요? 어땠어요? ＿＿＿＿＿＿＿＿＿＿＿＿ ?

2) A/V + -니(까)

● 제시어 ●
노력하다

➡ 거봐요. ＿＿＿＿＿＿＿＿＿＿＿＿ 해냈잖아요.

정답

Q1 소개, 자랑, 좋은, 붙어

Q2 1) 어렵던가요
2) 노력하니(까)

Q1 무슨 내용이었죠? 네모 칸을 채워 볼까요?

준이와 프엉은 같은 수업을 듣고 있습니다. 준이는 이번에 있을 ⬜ 과제를 준비하기 위해 같은 조인 프엉에게 ⬜ 을/를 물어보았습니다. 준이와 프엉은 서로의 연락처를 저장하였고, 준이는 발표 과제를 함께 할 다섯 명의 조원들을 모두 카톡방에 ⬜ 하기로 하였습니다. 발표 과제를 위한 ⬜ 시간과 장소는 그 카톡방에서 결정하려고 합니다.

Q2 다음 문법 표현에 제시어를 넣어 문장을 만들어 볼까요?

1) V + -아/어 두다

> ● 제시어 ●
> 보다

➡ A: 같이 떡볶이 해 먹을까요?

　　B: 네, 그러면 제가 미리 장을 ＿＿＿＿＿＿＿＿＿＿＿＿

2) V + -ㄹ/을게(요)

> ● 제시어 ●
> 연락하다

➡ 어머니, 한국에 가서도 제가 자주 ＿＿＿＿＿＿＿＿＿＿＿.

정답 ....

Q1 발표, 연락처, 초대, 회의

Q2 1) 봐 둘게요
　　　2) 연락할게요

Q1 무슨 내용이었죠? 네모 칸을 채워 볼까요?

수업이 일찍 끝난 프엉은 준이와 만나기로 약속한 장소에
와서 인스타그램 피드를 보고 있었습니다. 프엉의 인스타그램 피
드에는 사람들이 _____ 을/를 가서 찍은 사진들이 많습니다. 준
이는 프엉에게 인스타그램 _____ 을/를 요청해도 되는지 물어
보았고, 준이와 프엉은 서로 팔로우를 하기로 하였습니다. 준이는
앞으로 프엉에게 인스타그램 _____ (으)로 연락을 하려고 합니다.

Q2 다음 문법 표현에 제시어를 넣어 문장을 만들어 볼까요?

1) A/V + -아/어(서) 그런지, N(이)라(서) 그런지

┌──────── ● 제시어 ● ────────┐
│   오다   │
└───────────────────────────┘

➡ 비가 _____ 차가 좀 막히네요.

2) A/V + -거든(요)

┌──────── ● 제시어 ● ────────┐
│   걸리다   │
└───────────────────────────┘

➡ A: 명환이는 오늘 왜 안 나왔어요?

B: 왜냐하면 명환이가 감기에 _____ .

정답

Q1 미리, 꽃놀이, 팔로우, 디엠(DM)

Q2 1) 와서 그런지
2) 걸렸거든요

Q1 무슨 내용이었죠? 네모 칸을 채워 볼까요?

유토는 회사의 일로 지수의 회사에 방문하였습니다. 유토는 지수에게 ☐☐을/를 주었고, 지수는 유토에게 ☐☐에서 명함을 주기로 하였습니다. 유토와 지수는 서로의 호칭을 각각 부장님, 대리님으로 정하였고, 지수는 유토가 올 때 차가 ☐☐ 시간이라 힘들었을까 봐 걱정했지만 유토는 ☐☐(으)로 이동해 괜찮다고 하였습니다. 이후 둘은 함께 회의실로 이동하였습니다.

Q2 다음 문법 표현에 제시어를 넣어 문장을 만들어 볼까요?

1) V + -ㄹ/을 걸 그랬다

● 제시어 ●
출발하다

➡ 좀 더 일찍 _____ 그랬어요.

2) A/V + -ㄴ/은/는지 궁금하다/알다/모르다

● 제시어 ●
어떻다

➡ 한국 날씨가 _____ 궁금하다.

정답
Q1 명함, 회의실, 막힐, 지하철   **Q2** 1) 출발할 걸
                                              2) 어떤지

말랑말랑 찰떡TIP!

어떻게 부르면 될까요?

처음 만난 사람은 어떻게 부르면 될까요? 상대방을 부르기 위해서는 '호칭(부르는 말)'이 필요하겠지요. 어디에서 만난 사이인지에 따라 호칭이 달라질 수 있겠지만 처음 들어간 모임이나 회사 같은 곳에서는 주로 '이름'이나 '직함'으로 서로를 부른답니다. 이름은 뭔지 알겠는데 직함은 낯설지요? 직함이란 회사에서의 '직위(서열)'와 '직책(책임)'을 묶어 말하는 거랍니다. 예를 들면, 직위로는 '대리님', '과장님' 등으로 부를 수 있고, 직책으로는 '팀장님', '파트장님' 등으로 부를 수 있지요. 직함은 회사마다 조금씩은 다르니 잘 확인해야 합니다. 그렇다면 이름과 직함은 어떻게 물어볼 수 있을까요? 여러분이 초급 과정에서 배운 "이름이 뭐예요?"라고 물어보면 될까요? 아니요. "이름이 뭐예요?"는 편한 자리에서만 써야 합니다. 처음 만나는 사람들이 있거나 좀 어려운 자리라면 이름을 높여 부르는 '성함'이라는 표현을 넣어 "성함이 어떻게 되세요?", "성함을 좀 여쭤봐도 될까요?", "성함을 좀 알 수 있을까요?"라고 이름을 물어본 후 "○○○ 씨."라고 부를 수 있답니다. 하지만 회사에서 처음 만난 사람에게 만나자마자 바로 "○○○ 씨."라고 불러도 실례가 될 수 있는데요, 이럴 때는 먼저 "어떻게 부르면 될까요?"나 "직함이 어떻게 되시죠?"라고 물어보고 '대리님', '팀장님' 등으로 부르면 된답니다. 회사 업무상 만나는 사람들은 주로 직함으로 부르거든요.

메모

PART 02

MP3 02

자기소개하기

1 박수로 환영해 주세요.

2 중요한 것만 짧게 말씀드렸습니다.

3 그래서 그렇게 세심하시구나.

4 자기소개 한번 해 볼래요?

알아 두면 쓸모 있는 한국 문화

[혈액형을 왜 물어보는 거예요?]

한국에는 종종 혈액형을 물어보는 사람들이 있습니다. 왜 혈액형을 궁금해 할까요? 한국 사람들은 의학에 관심이 많은 걸까요? 아니요. 의학이 아니라 서로의 '성격'에 관심이 많은 겁니다. 한국의 많은 사람들이 혈액형과 성격이 서로 관련이 있다고 생각하는데요, A형은 꼼꼼하고 세심한 성격, B형은 자유롭고 자기중심적인 성격, O형은 정 많고 사교적인 성격, AB형은 호기심이 많고 독특한 행동을 많이 하는 성격이라는 식이지요. 과학적인 근거는 전혀 없지만 이런 방법을 통해 재미로 서로의 성격을 맞혀 보며 대화를 시작하곤 합니다. 그런데 요즘은 혈액형보다는 MBTI에 대한 관심이 더 커졌습니다. MBTI는 사람의 성격을 외향형(E)인지 내향형(I)인지, 직관형(N)인지 감각형(S)인지, 사고형(T)인지 감정형(F)인지, 판단형(J)인지 인식형(P)인지 파악해서 16개로 구분하는 방법이랍니다. 혈액형과 MBTI로 보는 성격은 모두 가볍게 재미로 알아보는 것이지만 서로에 대해 더 많은 것을 알아갈 수 있게 하는 좋은 대화 소재가 되기도 한답니다.

- 이 연극 동호회에 들어오게 된 계기가 있나요?

- 모든 순간마다 최선을 다할 준비가 되어 있습니다.

- 저는 서울에서 초·중·고등학교 시절을 평범하지만 성실하게 보냈습니다.

- 독특한 경험이네요.

- 유빈 씨는 남의 작은 일까지 꼼꼼하게 잘 챙겨 주잖아요.

- 이게 알수록 재미있네요.

- 우리는 서로 자기소개를 하기에는 만난 지 너무 오래되었는데요?

- 각자 정말 좋아하는 것들을 말해 보는 게 어떨까요?

박수로
환영해
주세요.

📌
talk talk 단어 · 표현
- 동호회: 같은 취미를 가
  지고 함께 즐기는 사람
  의 모임
- 계기: 어떤 일이 일어
  나거나 결정되도록 하
  는 원인이나 기회

📌
문법 check!
- V + -고자: 목적을 나
  타낼 때 쓰는 말

 여러분, 오늘 우리 동호회에 처음 오신 분이
계세요.
Hey, everyone. We have a new member
joining our club today.

먼저 그분의 자기소개를 듣고 환영하는
시간을 가져 볼까요?
Shall we first listen to their self-introduction
and take some time to welcome them?

명환 님, 자기소개를 좀 부탁드릴게요.
Myeonghwan, could you please introduce
yourself?

 안녕하세요? 저는 구명환이라고 합니다.
Hello, everyone. My name is Myeonghwan
Koo.

문화와 예술을 통해 세상을 바꾸고자 하는
꿈을 가지고,
My dream is to change the world through
culture and art,

지역 사회에서 여러 가지 행사를 기획하고
진행하는 일을 하고 있습니다.
and I'm currently working on planning and
organizing various events in the local
community.

제니 이 연극 동호회에 들어오게 된 계기가 있나요?
Is there a reason why you joined this
theater club?

명환 제가 문화 예술과 관련된 일을 해서 그런지 연극에 관심이 많습니다.

I am very interested in theater because I work in the field of culture and arts.

연극은 문화 예술의 종합 세트라고 생각하거든요.

I think theater is the ultimate combination of culture and arts.

연극을 자주 보다 보니 이제는 직접 참여해 보고 싶어서 이 동호회에 가입하게 되었습니다.

Because I watch plays frequently, I now want to participate in them myself, which is why I joined this club.

수지 혹시 연극을 해 보신 적은 있나요?

Have you ever been in a play before?

문화 예술 쪽에서 일하시니까 꼭 배우가 아니더라도 기획이나 연출은 해 보셨을 것 같아서요.

I feel like you might have done some planning or directing even if you're not an actor, since you work in the field of culture and arts.

명환 네, 고등학생 때 교회에서 연극을 한 적이 있습니다.

Yes, I did a play at my church when I was a high school student.

문법 check!

• V + -ㄴ/은 적이 있다/없다: 경험이 있는지/없는지를 나타낼 때 쓰는 말

talk talk 단어·표현

• 기획: 행사나 일 등의 절차(순서)와 내용을 미리 자세하게 계획함.

• 연출: 영화, 연극, 방송 등에서 각본에 따라 모든 일을 지시하고 감독하여 하나의 작품으로 만드는 일

친구들과 함께 가볍고 재미있게 진행해 본
정도였고요, 그때는 기획을 맡았습니다.
I did it casually for fun with my friends, and
I was in charge of planning at the time.

수지 그렇군요. 명환 님의 능력과 경험이 우리
동호회에 큰 힘이 될 것 같네요.
I see. Myeonghwan, your abilities and
experience seem like they will be a great
asset to our club.

명환 아, 아닙니다. 너무 기대하셨다가
실망하실까 봐 걱정이 되네요.
Oh, no. I'm worried that you might be
disappointed if you expect too much.

하지만 모든 순간마다 최선을 다할 준비가
되어 있습니다.
However, I'm prepared to give my best
effort at all times.

제니 하하하, 알겠습니다. 자, 그러면 우리 새로운
회원 구명환 님을 박수로 환영해 주세요.
Hahaha, got it. Now, let's welcome our new
member, Myeonghwan Koo, with a round of
applause.

talk talk 단어 · 표현

• 최선을 다하다: 어떤
일을 위해 힘이나 마음
등을 모두 써서 가장 좋
은 결과를 낼 수 있게
노력하다.

면접관 ▶ 김현우 씨?
Hyeonu Kim?

현우 ▶ 네, 안녕하세요? 김현우입니다.
Yes, hello. I'm Hyeonu Kim.

면접관 ▶ 거기 앉으세요. 먼저 간단하게 자기소개를 해 보시겠어요?
Please, have a seat. First, could you briefly introduce yourself?

1분 정도 드리면 될까요?
Should I give you about a minute?

현우 ▶ 네, 안녕하십니까? 현장 직무 지원자 김현우입니다.
Yes. Hello, my name is Hyeonu Kim, and I'm applying for the on-site job position.

저는 서울에서 초 · 중 · 고등학교 시절을 평범하지만 성실하게 보냈습니다.
I spent my elementary, middle, and high school years in Seoul, living an ordinary but diligent life.

하지만 시간이 지나고 보니 학창 시절을 특별한 도전 없이 평범하게 보낸 것이 후회가 되었습니다.
However, as time passed, I regretted not taking on any unique challenges during my school years.

2

중요한 것만 짧게 말씀 드렸습니다.

talk talk 단어 · 표현

- 직무: 회사에서 맡은 일
- 평범하다: 특별한 점이 없고 보통이다.
- 성실하다: 태도나 행동이 바르고 맡은 일을 열심히 하다.
- 학창 시절: 학생이던 때
- 후회: 이전에 자신이 한 잘못을 알고 반성함.

기억에 남는 학창 시절을 보냈다면 좋았을 거라는 생각이 들었고,

I thought it would have been nice to have a memorable school life,

대학교에 입학해서는 더 다양한 활동을 하려고 노력하였습니다.

so when I entered college, I tried to engage in various activities.

그중 하나가 공방에서 가구를 만드는 활동이었습니다.

One of them was making furniture in a workshop.

처음에는 서투른 실력으로 가구 하나를 만드는 데 오랜 시간이 걸렸지만,

At first, it took me a long time to make a single piece of furniture with my poor skills,

꾸준히 노력한 덕분에 지금은 돈을 받고 가구를 만들 정도로 실력이 향상되었습니다.

but thanks to my persistence, my skills have now improved to the point where I can make furniture for payment.

또, 이 직무와 관련된 자격증도 두 가지를 취득하였으므로,

Also, I have acquired two certifications related to this job,

이 회사의 현장 직무에서 일하기에 알맞은 능력을 갖추고 있다고 생각합니다.

so I believe I have the necessary skills to work in this company's on-site job.

talk talk 단어 · 표현

• 공방: 가죽 제품이나 가구 등의 공예품(실용적이면서 아름다운 물건)을 만드는 곳

• 향상되다: 실력, 수준, 기술 등이 더 나아지다.

• 갖추다: 있어야 할 것을 만들거나 가지다.

문법 check!

• V + -ㄴ/은 덕분에: 좋은 결과가 나온 이유를 나타낼 때 쓰는 말

• A/V + -(으)므로: 이유나 근거를 나타낼 때 쓰는 말

이런 저의 도전 정신과 끈기로 이 회사에서
확실한 성과를 만들어 보고 싶습니다.
이상입니다.

I want to create results in this company
with my determination to face challenges
and perseverance. That's all.

talk talk 단어 · 표현

• 끈기: 쉽게 포기하지
않고 계속해서 참고 견
디는 것

• 성과: 이루어 낸 좋은
결과

• 독특하다: 다른 것과 비
교하여 특별하게 다르다.

면접관 오, 독특한 경험이네요. 자기소개는 끝인가요?

Oh, that's a unique experience. Is that the
end of your introduction?

현우 네, 이 자리에서 가장 중요한 것만 짧게
말씀드렸습니다.

Yes, I only briefly covered the most
important things for this position.

면접관 알겠습니다. 다음 질문할게요.

Okay, I have another question for you.

3

그래서 그렇게 세심하시구나.

프엉 ▶ 유빈 씨는 혈액형이 뭐예요?
Yubin, what's your blood type?

유빈 ▶ 혈액형이요? 한번 맞혀 보세요.
Blood type? Try to guess.

프엉 ▶ A형?
Type A?

유빈 ▶ 오, 맞아요. 어떻게 알았지?
Oh, you're right. How did you know?

프엉 ▶ 아, 그래서 그렇게 세심하시구나.
Ah, that's why you're so meticulous.

유빈 ▶ 다들 저보고 소심하다고 하던데, 프엉 씨는 세심하다고 해 주시네요. 고마워요.
People used to say I'm timid, but you say I'm meticulous. Thank you.

프엉 ▶ 진심이에요. 유빈 씨는 남의 작은 일까지 꼼꼼하게 잘 챙겨 주잖아요.
I mean it. Yubin, you take care of even the smallest things for others.

또 성실하고, 같이 있는 사람을 편안하게 해 주려고 노력하고요.
You're also diligent and try to make people around you comfortable.

talk talk 단어 · 표현

- 세심하다: 작은 일에도 매우 꼼꼼하게 신경을 써서 빈틈이 없다.
- 소심하다: 겁이 많아서 대담하지 못하고 지나치게 조심스럽다.

문법 check!

- A/V + -잖아(요): 어떤 상태나 행동이 앞의 내용의 이유가 되는 것이 당연함을 강조할 때 쓰는 말

유빈 ▸ 그게 혈액형과 관련이 있나요?

Is that related to blood type?

프엉 ▸ 네, 과학적으로 증명된 건 아니지만 A형인
사람들이 꼼꼼하고 성실하고 배려 있는
성격이래요.

Yes, it's not scientifically proven, but people
with type A are said to be meticulous,
diligent, and considerate.

유빈 ▸ 와, 프엉 씨, 혈액형과 성격에 대해 정말 많이
아시네요.

Wow, Phuong, you know a lot about blood
types and personalities.

프엉 ▸ 한국 사람들이 혈액형 이야기를 하도 많이
해서 저도 관심이 생겼어요.

Korean people talk a lot about blood types,
so I became interested.

그래서 인터넷을 뒤져 봤는데, 이게 알수록
재미있네요.

I searched the Internet, and the more I
learned, the more interesting it became.

유빈 ▸ 그랬군요. 그런데 혈액형은 이제 유행이 좀
지났고요, 요즘은 MBTI가 인기더라고요.

I see. But blood types are a bit out of
fashion now, and these days, the MBTI is
more popular.

talk talk 단어 · 표현

• 증명하다: 어떤 내용이
진실인지 아닌지 증거를
들어서 알아내다.

• 배려: 관심을 가지고 보
살펴 주거나 도와줌.

• 뒤지다: 무엇을 찾기
위해서 여기저기를 살
피다.

• 인기: 어떤 것에 대한
많은 사람들의 높은 관
심이나 좋아하는 마음

문법 check!

• (A/V + −(으)면) A/V
+ −ㄹ/을수록: 어떤 상
태나 행동의 정도가
더해지면 뒤에 올 상
태나 행동의 정도 더
해짐을 나타낼 때 쓰
는 말

• 유형: 특징이나 모양 등
이 비슷한 것끼리 묶은
하나의 무리 또는 그 무
리 안에 있는 것

프엉▶ 아, 맞아요. 그것도 들어 봤어요. 성격 유형 검사!

Oh, that's right. I've heard of that too.
Personality type test!

오늘부터는 MBTI에 대해 알아봐야겠네요.

Starting today, I should learn more about
the MBTI.

유빈▶ 네, 알아보고 재미있으면 저에게도 알려 주세요.

Yes, if you find it interesting, let me know
too.

유토 웨이 씨, 우리 자기소개 한번 해 볼래요?

Wei, shall we try introducing ourselves?

웨이 네? 자기소개는 보통 처음 만났을 때 하는 거잖아요.

Huh? Self-introductions are usually done when you first meet someone.

우리는 서로 자기소개를 하기에는 만난 지 너무 오래되었는데요?

We've known each other for too long for that, haven't we?

유토 어디서 들었는데, 이렇게 서로 익숙한 사람들끼리 자기소개를 하면,

I heard from somewhere that when familiar people do self-introductions,

서로에 대해 좀 더 잘 알게 되고 자신에 대해서도 새삼 깨닫는 것들이 있대요.

they get to know each other better and also rediscover things about themselves.

웨이 오, 그렇겠네요. 그러면 유토 씨부터 해 볼래요?

Oh, that makes sense. Then, Yuto, would you like to start?

유토 좋아요. 음… 안녕하세요? 유토라고 합니다. 저는… 뭐부터 말해야 되지?

Sure. Um… hello? I'm Yuto. I am… where should I start?

4

자기소개 한번 해 볼래요?

문법 check!

- V + -ㄴ/은/는 지 [시간]: 어떤 일을 한 후에 일정 시간이 지났음을 나타낼 때 쓰는 말

talk talk 단어 · 표현

- 익숙하다: ① 어떤 일을 여러 번 하여 서투르지 않다, ② 어떤 것을 자주 보거나 겪어서 낯설지 않고 편하다. 여기서는 ②의 뜻

- 새삼: ① 이미 느끼거나 알고 있었지만 다시 새롭게, ② 전에 안 하던 일을 하여 갑작스러운 느낌이 들게. 여기서는 ①의 뜻

- 깨닫다: 알게 되다.

문법 check!

- V + -는 게 어떨까
  (요)?: 부드럽게 제안
  할 때 쓰는 말

talk talk 단어 · 표현

- 키워드(key word): 어
  떤 내용을 이해하거나
  문제를 해결할 수 있는
  중요한 단어
- 차분하다: 마음이 가
  라앉아 조용하다.

웨이 ▶ 하하하, 우리는 서로에 대해 어느 정도 알고
있으니까, 각자 정말 좋아하는 것들을 말해
보는 게 어떨까요?

Hahaha, since we already know each other
to some extent, how about we talk about
what we really like?

키워드를 먼저 말하고 시작하면 좋겠네요.

It would be nice to start by talking about
keywords.

유토 ▶ 좋아요. 제가 좋아하는 것은 비, 동물원,
바다입니다.

Good idea. I like the rain, zoos, and the
ocean.

웨이 ▶ 와, 기대되네요. 자, 이제 하나씩 설명해 주세요.

Wow, I'm looking forward to it. Now, please
explain one by one.

유토 ▶ 먼저, 비가 오면 마음이 차분해져서 좋아요.

First, I like the rain because it makes me feel
calm.

정신없이 돌아가는 세상 속에서 비가 쉼표를
찍어 주는 것 같은 느낌이 들거든요.

It feels like rain makes us forget about our
hectic world.

저는 비가 오면 커피숍에 앉아서 창밖의 비 오는 풍경을 바라보며 저를 돌아보는 시간을 갖는데요, 그게 너무 좋아요.

I like to sit in a coffee shop and look at the rainy scenery outside while reflecting on myself, and I really enjoy it.

웨이 ▶ 와, 너무 좋네요. 저에게도 꼭 필요한 시간인데….

Wow, that's so nice. That's exactly the kind of time I need….

저도 꼭 해 봐야겠어요. 그리고 동물원은요?

I should definitely try it. And how about the zoo?

유토 ▶ 아, 동물원은요….

Ah, about the zoo….

talk talk 단어 · 표현
• 풍경: 자연이나 지역의 아름다운 모습

PART 02-1

Q1 무슨 내용이었죠? 네모 칸을 채워 볼까요?

> 명환이는 연극 동호회의 새로운 회원입니다. 제니는 연극 동호회
> 의 회원들에게 명환이를 소개하며 명환이에게 [　　　　] 을/를
> 부탁하였습니다. 명환이는 문화 예술과 관련된 일을 해서 그런지
> 연극에 [　　] 이/가 많고, 연극에 직접 [　　] 해 보고 싶어서 연극
> 동호회에 [　　] 하게 되었다고 말하였습니다. 명환이는 고등학생
> 때 연극을 진행해 본 적이 있는데, 이때 [　　] 을/를 맡았습니다.

Q2 다음 문법 표현에 제시어를 넣어 문장을 만들어 볼까요?

1) V + -고자

● 제시어 ●
주다

➡ 학생들에게 도움을 _____ 이 책을 썼습니다.

2) V + -ㄴ/은 적이 있다/없다

● 제시어 ●
근무하다

➡ 아버지는 젊었을 때 외국에서 _____ 있다.

정답

Q1 자기소개, 관심, 참여, 가입, 기획

Q2 1) 주고자
2) 근무한 적이

Q1 무슨 내용이었죠? 네모 칸을 채워 볼까요?

현우는 한 회사의 현장 직무에 [   ] 하여 면접관에게 자기소개를 하고 있습니다. 현우는 대학교에 입학한 후 공방에서 [   ] 을/를 만들었던 경험이 있고 현장 직무와 관련된 [   ] 두 가지를 취득하였다는 것을 설명하며 자신의 [   ] 정신과 끈기로 이 회사에서 확실한 [   ] 을/를 만들어 보고 싶다고 말하였습니다.

Q2 다음 문법 표현에 제시어를 넣어 문장을 만들어 볼까요?

1) V + -ㄴ/은 덕분에

```
•———— 제시어 ————•
        도와주다
```

➡ 친구들이 _____ 이사가 빨리 끝났다.

2) A/V + -(으)므로

```
•———— 제시어 ————•
        부지런하다
```

➡ 그는 _____ 시험에 합격할 것이다.

정답

Q1 지원, 가구, 자격증, 도전, 성과

Q2 1) 도와준 덕분에
　　 2) 부지런하므로

Q1 무슨 내용이었죠? 네모 칸을 채워 볼까요?

프엉은 혈액형과 성격에 대한 이야기가 과학적으로 ☐ 된 건
아니지만 ☐ 재미있다고 생각합니다. 또 꼼꼼하고 ☐ 하
고 ☐ 있는 성격의 유빈이가 A형이라는 것을 맞혔습니다. 유
빈이는 프엉에게 요즘에는 혈액형보다 MBTI가 ☐ 라는 것을
알려 주었고, 프엉은 오늘부터 MBTI에 대해 알아보려고 합니다.

Q2 다음 문법 표현에 제시어를 넣어 문장을 만들어 볼까요?

1) A/V + -잖아(요)

● 제시어 ●

막히다

➡ 일찍 출발하세요. 퇴근 시간에는 길이 ＿＿＿＿＿＿＿＿＿＿.

2) (A/V + -(으)면) A/V + -ㄹ/을수록

● 제시어 ●

살다

➡ 한국에 오래 ＿＿＿＿＿＿＿＿ 한국 생활에 익숙해질 거예요.

정답

Q1 증명, 알수록, 성실, 배려, 인기

Q2 1) 막히잖아요
2) (살면) 살수록

Q1 무슨 내용이었죠? 네모 칸을 채워 볼까요?

유토와 웨이는 □□ 지 오래된 사이입니다. 유토는 웨이에게
□□□ 사람들끼리 자기소개를 하면 서로에 대해 잘 알게 되고 자
신에 대해서도 새삼 □□□ 것들이 있다며 서로 자기소개를 해
보자고 하였습니다. 웨이는 각자 정말 □□□□ 것들을 말해
보자고 하였고, 유토는 비, 동물원, 바다를 좋아한다고 말하였습니
다. 그중에 비를 좋아하는 이유는 마음이 □□ 해져서입니다.

Q2 다음 문법 표현에 제시어를 넣어 문장을 만들어 볼까요?

1) V + -ㄴ/은/는 지 [시간]

━━━━━━━ ● 제시어 ● ━━━━━━━
다니다

➡ 이 회사에 ＿＿＿＿＿＿＿＿＿＿＿＿＿ 벌써 8년이 되었네요.

2) V + -는 게 어떨까(요)?

━━━━━━━ ● 제시어 ● ━━━━━━━
가다

➡ 새로 생긴 커피숍으로 ＿＿＿＿＿＿＿＿＿＿＿＿＿＿＿＿＿ ?

정답
Q1 만난, 익숙한, 깨닫는, 좋아하는, 차분

Q2 1) 다닌 지
    2) 가는 게 어떨까(요)?

말랑말랑 찰떡TIP!

 혈액형과 MBTI로 알아보는 성격을 나타내는 단어

앞의 '알아 두면 쓸모 있는 한국 문화'에서 이야기한 혈액형과 MBTI 기억하시죠? 혈액형과 MBTI로 성격을 설명하려면 성격을 나타내는 단어를 다양하게 알고 있어야 합니다. 그 단어를 함께 정리해 봅시다. 아! 혈액형과 MBTI는 재미로 보는 것일 뿐 상대방의 진짜 성격은 직접 알아가야 한다는 것 꼭 기억하세요!

〈혈액형으로 알아보는 성격을 나타내는 단어〉

A형	꼼꼼하다. 배려심이 깊다. 성실하다. 세심하다.
B형	긍정적이다. 자신감이 있다. 집중력이 좋다. 털털하다.
O형	사교적이다. 솔직하다. 열정적이다. 활발하다.
AB형	독특하다. 상상력이 풍부하다. 자유롭다/자유분방하다. 호기심이 많다.

〈MBTI로 알아보는 성격을 나타내는 단어〉

E	외향적이다. 단체 활동을 중시한다.	I	내향적이다. 개인 시간을 중시한다.
S	현실적이다. 현재와 경험을 중시한다.	N	창의적이다. 미래와 가능성을 중시한다.
T	논리와 원칙을 중시한다.	F	관계와 감정을 중시한다.
J	계획적이다. 목적이 뚜렷하다.	P	즉흥적이다. 융통성이 있다.

메모

PART
03

축하하기

1 제가 합격 턱 낼게요.

2 동아리에서 썸 타던 그 사람이에요.

3 너무 기뻐서 소리를 지를 뻔했어요.

4 제 결혼식에 꼭 와 주세요.

알아 두면 쓸모 있는 한국 문화

[집들이에 초대받았나요?]

집들이는 이사한 사람이 새로운 이웃이나 친한 사람들을 집으로 초대해 음식을 대접하는 것을 말합니다. 집들이에 초대받은 사람들은 집주인이 집을 장만했거나 좋은 집으로 이사한 것을 축하하고 그 집에서 행복하게 잘 살기를 바라는 마음으로 방문하지요. 그리고 집주인에게 줄 선물을 양손 가득 들고 가는데요, 휴지와 세제가 집들이의 단골 선물이 되곤 합니다. 왜 휴지와 세제일까요? 새로운 집에서 실용적으로 사용할 수 있으면서도 특별한 뜻이 담겨 있기 때문이랍니다. 휴지는 말려 있던 휴지가 풀리듯 모든 일이 잘 풀리기를 바라는 뜻이 담겨 있고, 세제는 물에 푼 세제에서 많은 거품이 생기듯 돈이 많이 늘어나기를 바라는 뜻이 담겨 있어요. 하지만 어떤 것을 선물하든 가장 중요한 것은 서로가 행복하기를 바라는 마음이겠지요.

- 저는 다이 씨가 얼마나 노력했는지 잘 알고 있어요.

- 제가 합격 턱 낼게요.

- 한꺼번에 전부 알고 싶어요. 궁금해 죽겠어요.

- 어쩐지 요즘 제시카 씨 얼굴에 생기가 넘친다 싶었어요.

- 너무 기뻐서 소리를 지를 뻔했는데 겨우 참았어요.

- 준 씨는 잘 해낼 줄 알았어요.

- 시간을 좀 더 많이 내 주셨으면 해서요.

- 청첩장 주는 거예요?

제가 합격 턱 낼게요.

유리 다이 씨, 졸업 시험 결과 나왔어요?

Dai, did you get your graduation exam results?

다이 네, 나왔어요.

Yes, I got them.

유리 어떻게 됐어요? 합격했어요? 제발 그렇다고 말해 줘요.

How did it go? Did you pass? Please tell me you did.

다이 네! 저 합격했어요!

Yes! I passed!

talk talk 단어 · 표현
- 잘되다: 어떤 일이 아주 좋게 이루어지다.

유리 와! 정말 축하해요. 정말 잘됐네요.

Wow! Congratulations. That's really great.

다이 고마워요. 유리 씨가 늘 응원해 준 덕분이에요.

Thank you. It's all thanks to your constant support, Yuri.

문법 check!
- 얼마나 A/V + -ㄴ/은/는지 알다/모르다: 어떤 것을 알고/모르고 있음을 강조할 때 쓰는 말

유리 아니에요. 저는 다이 씨가 얼마나 노력했는지 잘 알고 있어요. 그리고 그동안 얼마나 긴장하며 힘들어했는지도 알고요.

No, I know how hard you worked, Dai. And I know how much stress and struggle you went through.

그래서 지금 정말 기뻐요. 진심으로 축하해요.
So now I'm really happy. Congratulations,
you deserve it.

다이 하하하, 정말 고마워요. 식사 아직 안 했죠?
갑시다. 제가 합격 턱 낼게요.
Hahaha, thank you so much. Have you
eaten yet? Let's go. I'll treat you to
celebrate my passing.

유리 네, 크게 내세요. 그럴 만한 일이니까요. 와,
신난다!
Yes, go all out. It's an occasion worth
celebrating. Wow, I'm so excited!

talk talk 단어·표현
• 턱: 좋은 일이 있을 때
다른 사람에게 음식을
대접하는 일

문법 check!
• V + -ㄹ/을 만하다:
① 그 정도의 가치가
있음을 나타낼 때 쓰는
말(② PART 06-1,
③ PART 15-3 참고)

2

동아리에서 썸 타던 그 사람이에요.

유빈 ▶ 제시카 씨, 여기서 뭐해요?
Jessica, what are you doing here?

제시카 ▶ 아, 남자 친구를 기다리고 있어요.
Oh, waiting for my boyfriend.

유빈 ▶ 남자 친구요? 제시카 씨, 남자 친구 생겼어요?
Boyfriend? Jessica, you have a boyfriend now?

제시카 ▶ 네!
Yes!

유빈 ▶ 오! 진짜예요? 축하해요. 그 사람은 어떤 사람이에요?
Wow! Really? Congratulations. What's he like?

어디에서 어떻게 만난 거예요? 언제부터 만났어요?
How and where did you meet him? When did you start dating?

제시카 ▶ 하하하, 하나씩 천천히 물어보세요.
Hahaha, ask me one question at a time.

유빈 ▶ 한꺼번에 전부 알고 싶어요. 궁금해 죽겠어요.
I want to know everything at once. I'm dying of curiosity.

talk talk 단어 · 표현
• 한꺼번에: 모두 다 동시에

문법 check!
• A/V + −아/어(서) 죽겠다: 어떤 것의 정도가 아주 크다는 것을 강조할 때 쓰는 말

제시카 ▶ 동아리에서 썸 타던 그 사람 있잖아요. 그 사람이 저에게 사귀자고 하더라고요.

You know that guy I had a crush on in our club? He asked me out.

그게 지난주 화요일이었으니… 오늘이 사귄 지 8일째네요.

That was last Tuesday, so… today is our 8th day together.

유빈 ▶ 와! 어쩐지 요즘 제시카 씨 얼굴에 생기가 넘친다 싶었어요.

Wow! No wonder your face has been glowing lately, Jessica.

제시카 ▶ 네? 하하하, 그랬어요?

Really? Hahaha, was it?

유빈 ▶ 그럼요! 애인과 좋은 곳도 여기저기 다니고, 맛있는 것도 먹고, 항상 행복하게 웃게 되잖아요.

Of course! Make sure you go to nice places together, eat delicious food, and always smile happily.

정말 잘됐어요. 멋진 연애하기를 바라요.

I'm so glad. I hope you have a wonderful relationship.

제시카 ▶ 네, 축하해 줘서 고마워요, 유빈 씨.

Yes, thank you for the support, Yubin.

talk talk 단어·표현

- 썸(을) 타다: 좋아하는 이성과 연애 직전의 관계를 유지하다.
- 연애하다: 서로 사랑해서 사귀다.

문법 check!

- A + ㅡ다 싶다, V + ㅡㄴ/는다 싶다: 어떤 것을 판단하거나 추측할 때 쓰는 말

3

너무 기뻐서 소리를 지를 뻔 했어요.

talk talk 단어 · 표현
• 소감: 어떤 일에 대하여 느끼고 생각한 것

문법 check!
• V + -ㄹ/을 뻔하다: 실제로 일어나지는 않았지만 그럴 가능성이 아주 컸음을 강조할 때 쓰는 말

사라 ▶ 준 씨! 축하해요!
Jun! Congratulations!

준 ▶ 사라 씨, 잘 지냈어요? 고마워요.
Sara, how have you been? Thank you.

사라 ▶ 기분이 어때요? 그토록 바라던 취업에 성공하셨는데, 소감 한 말씀 부탁드립니다.
How do you feel? You finally got the job you've been hoping for. Can you share your thoughts?

준 ▶ 하하하, 하늘을 나는 것 같습니다. 그런데 제가 합격한 거 어떻게 알았어요?
Hahaha, I feel like I'm flying in the sky. But how did you find out I got accepted?

사라 ▶ 아까 복도에서 준 씨와 교수님이 이야기하는 걸 들었어요.
I overheard your conversation with the professor in the hallway earlier.

준 씨의 합격 소식을 듣고 너무 기뻐서 소리를 지를 뻔했는데 겨우 참았어요.
I was so happy to hear your good news that I almost screamed, but I managed to hold it in.

준 ▶ 정말 고마워요. 오늘 오전에 합격 문자 받고 얼마나 기쁘던지!
Thank you so much. I got the acceptance text this morning, and I was so happy!

면접에서 대답을 잘한 것 같지가 않아서
합격할 거라는 기대를 안 했거든요.

I didn't expect to pass because I didn't think
my answers were that good during the
interview.

사라 준 씨는 잘 해낼 줄 알았어요. 그런데
면접에서 무슨 질문을 받았는데요?

I knew you would do well, Jun. But what
questions did you get in the interview?

준 아, 제가 밥 먹으면서 자세히 이야기해 줄게요.

Oh, I'll tell you all about it while we eat.

사라 씨가 먹고 싶은 것을 말해 봐요.

Tell me what you want to eat, Sara.

취업 준비할 때 사라 씨에게 도움받은 것도
있고 하니 오늘은 제가 뭐든지 다 살게요.

I owe you for helping me with job
preparation, so I'll buy you anything today.

사라 불고기요. 불고기 먹으면서 자세히 이야기해
주세요.

Bulgogi, please. Tell me all about it while we
eat bulgogi.

면접 이야기랑 입사하는 날짜랑 물어보고
싶은 게 진짜 많거든요.

I have so many questions, like how the
interview went, and when you start.

talk talk 단어 · 표현

• 해내다: ① 상대편을
이겨 내다, ② 맡은 일
이나 닥친 일을 잘 처리
하다. 여기서는 ②의 뜻

• 입사하다: 회사에 들
어가다.

문법 check!

• A/V + -냐면(요): 어떤 것을 설명하기 전에 나올 내용을 강조할 때 쓰는 말

준 ➤ 하하하, 불고기 좋죠. 빨리 갑시다. 면접에서 무슨 질문을 받았냐면요….

Hahaha, bulgogi sounds great. Let's hurry. About the questions I got in the interview….

지영 지수 씨, 혹시 다음 주에 시간 괜찮아요?
Jisu, do you have any free time next week?

같이 밥 한번 먹고 싶은데.
I'd like to have a meal together.

지수 네, 다음 주는 점심시간이면 다 괜찮아요.
Yes, I'm free during lunchtime next week.

지영 점심 말고 저녁은 어때요? 시간을 좀 더 많이 내 주셨으면 해서요.
How about dinner instead? I'd like to spend more time with you.

지수 왜요? 무슨 일 있어요? 표정을 보니까 좋은 일인 것 같은데?
Why? Is something going on? You seem happy about something.

지영 맞아요. 좋은 일이에요. 저 드디어 결혼해요.
You're right. I have good news. I'm finally getting married.

지수 와, 진짜 축하해요. 잘됐네요. 청첩장 주는 거예요?
Wow, congratulations! That's great news. Are you giving out wedding invitations?

지영 네, 제 결혼식에 꼭 와 주세요.
Yes, please come to my wedding.

제 결혼식에 꼭 와 주세요.

문법 check!
- V + -았/었으면 하다: 어떤 것을 바라거나 요구할 때 쓰는 말
- N을/를 보니까: 어떤 것이 뒤에 나오는 추측에 대한 근거가 됨을 나타낼 때 쓰는 말

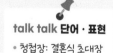

talk talk 단어·표현
- 청첩장: 결혼식 초대장

지수 ▶ 당연히 가야죠. 결혼식은 언제예요?

Of course, I'll be there. When is the wedding?

지영 ▶ 고마워요. 결혼식은 9월 1일이에요. 토요일이요.

Thank you. The wedding is on September 1st. It's on a Saturday.

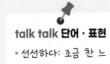

talk talk 단어 · 표현

• 선선하다: 조금 찬 느낌이 들도록 부드럽고 시원하다.

지수 ▶ 그렇군요. 가을이라 날씨가 선선해서 결혼식 올리기 딱 좋겠네요.

That sounds nice. The weather will be perfect for a wedding in the fall.

그러면 다음 주 목요일 저녁에 식사 어때요?

Then how about next Thursday for dinner?

지영 ▶ 좋아요. 지수 씨에게 맞출게요.

That works for me. I'll adjust to your schedule.

지수 ▶ 고마워요. 요즘 결혼식 준비로 바쁘겠어요. 준비할 게 많죠?

Thank you. You must be busy preparing for the wedding. There's a lot to do, right?

지영 ▶ 네, 뭐부터 준비해야 할지 모르겠어요.

Yeah, I don't even know where to start.

그래서 바쁜데도 자꾸 멍때리게 돼요. 결혼은
처음이라서요.

That's why I keep zoning out even though
I'm busy. It's my first time getting married.

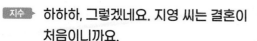 하하하, 그렇겠네요. 지영 씨는 결혼이
처음이니까요.

Hahaha, that makes sense. It's your first
wedding after all.

talk talk 단어 · 표현

• 멍때리다: 아무 생각
없이 멍하게 있다.

PART 03-1

Q1 무슨 내용이었죠? 네모 칸을 채워 볼까요?

다이는 　　　　 시험에 합격했습니다. 유리는 그동안 다이가 졸업
시험을 위해 노력하는 것을 지켜보며 늘 　　　 해 주었고, 다이가
졸업 시험에 합격하였다는 말을 듣고 　　　 (으)로 기뻐하며 다이
의 합격을 　　　 해 주었습니다. 다이는 그런 유리에게 고마워하
며 자신이 졸업 시험에 합격한 것을 기념해서 유리에게 식사를 대
접하려고 합니다.

Q2 다음 문법 표현에 제시어를 넣어 문장을 만들어 볼까요?

1) 얼마나 A/V + -ㄴ/은/는지 알다/모르다

● 제시어 ●
좋아하다

➡ 한국인들이 얼마나 커피를 ＿＿＿＿＿＿＿＿＿＿ 알고 있어요.

2) V + -ㄹ/을 만하다

● 제시어 ●
투자하다

➡ 정부는 그 사업에 ＿＿＿＿＿＿＿＿＿＿ 고 판단했다.

정답
Q1 졸업, 응원, 진심, 축하

Q2 1) 좋아하는지
2) 투자할 만하다

Q1 무슨 내용이었죠? 네모 칸을 채워 볼까요?

제시카는 남자 친구를 기다리다가 유빈이를 만났습니다. 유빈이는
제시카의 남자 친구가 어떤 사람인지, 제시카가 남자 친구를 ☐
☐ 에서 어떻게, 언제부터 만났는지 ☐ 하였습니다. 제시카는
동아리에서 ☐ 타던 사람이 지난주 화요일에 사귀자고 하였고,
그 사람과 사귄 ☐ 은/는 8일째가 되었다고 말하였습니다. 유빈이
는 남자 친구가 생긴 제시카를 ☐ 해 주었습니다.

Q2 다음 문법 표현에 제시어를 넣어 문장을 만들어 볼까요?

1) A/V + -아/어(서) 죽겠다

┌─────────── • 제시어 • ───────────┐
│   답답하다   │
└──────────────────────────────────┘

➡ 서로 언어가 통하지 않으니까 ＿＿＿＿＿＿＿＿＿＿＿ 죽겠다.

2) A + -다 싶다, V + -ㄴ/는다 싶다

┌─────────── • 제시어 • ───────────┐
│   익숙해지다   │
└──────────────────────────────────┘

➡ 한국 생활에 많이 ＿＿＿＿＿＿＿＿＿＿＿ 싶네요.

정답
Q1 어디, 궁금, 썸, 지, 축하

Q2 1) 답답해(서)
   2) 익숙해졌다

Q1 무슨 내용이었죠? 네모 칸을 채워 볼까요?

> 사라는 준이와 교수님이 이야기하는 것을 듣고서 준이가 □□□에 성공하였다는 것을 알게 되었습니다. 사라는 준이를 축하해 주었고 준이는 사라에게 고마워하였습니다. 준이는 합격할 것이라는 □□□을/를 하지 않았는데 오늘 오전에 합격 □□□을/를 받게 되어 기뻤습니다. 준이는 취업을 준비할 때 □□□을/를 준 사라에게 식사 대접을 하며 □□□와/과 입사 날짜 등 여러 가지 이야기를 해 주려고 합니다.

Q2 다음 문법 표현에 제시어를 넣어 문장을 만들어 볼까요?

1) V + -ㄹ/을 뻔하다

┌─────────── ● 제시어 ● ───────────┐
│   지각하다   │
└───────────────────────────────────┘

➡ 아침에 늦게 일어나서 _____ 했어요.

2) A/V + -냐면(요)

┌─────────── ● 제시어 ● ───────────┐
│   다치다   │
└───────────────────────────────────┘

➡ A: 여기는 왜 다쳤어요?

　　B: 아, 왜 _____, 어제 넘어졌어요.

정답 ··

Q1 취업, 기대, 문자, 도움, 면접

Q2 1) 지각할 뻔
　　　2) 다쳤냐면요

Q1 무슨 내용이었죠? 네모 칸을 채워 볼까요?

> 지영이는 9월 1일 토요일에 _____ 을/를 합니다. 그래서 지영이는 지수에게 식사를 대접하며 _____ 을/를 주려고 점심보다 시간을 더 많이 낼 수 있는 _____ 에 함께 식사를 하자고 제안하였습니다. 지수는 지영이의 결혼을 축하해 주었고 지영이의 결혼식에 가기로 약속하였습니다. 지영이와 지수는 다음 주 _____ 저녁에 함께 식사하려고 합니다.

Q2 다음 문법 표현에 제시어를 넣어 문장을 만들어 볼까요?

1) V + -았/었으면 하다

┌─────────── ● 제시어 ● ───────────┐
│   지키다   │
└──────────────────────────────────┘

➡ 내일 만날 때는 꼭 시간을 _____ 해.

2) N을/를 보니까

┌─────────── ● 제시어 ● ───────────┐
│   예매율이 높은 것   │
└──────────────────────────────────┘

➡ _____ 그 영화가 재미있나 보다.

정답

Q1 결혼식, 청첩장, 저녁, 목요일

Q2 1) 지켰으면
　　 2) 예매율이 높은 것을 보니까

하늘을 나는 기분을 아시나요?

한국 사람들은 아주 기쁘다는 것을 표현할 때 '뛸 듯이 기쁘다.' 또는 '하늘을 나는 기분이다.' 등의 관용어로 표현하는 경우가 많습니다. 아주 좋은 일이 있을 때는 너무 기분이 좋아서 어떻게 해야 할지 몰라 몸을 들썩들썩하게 되잖아요. 그래서 '뛸 듯이'라는 표현을 쓰는 겁니다. 그리고 너무 좋은 일이 생기면 마음이 안정되지 않고 몸이 붕 뜬 것 같은 이상한 느낌이 드는데 그것을 '하늘을 나는 기분'이라고 표현하는 거지요. 여러분이 한국에서 생활하는 동안 좋은 일이 많이 생겨서 뛸 듯이 기쁘고, 하늘을 나는 기분을 많이 느껴 봤으면 좋겠네요.

턱을 낸다고요?

한국 사람들은 합격이나 승진같이 좋은 일이 생기면 "내가 한턱낼게!"라는 말을 합니다. 그런데 우리가 교실에서 배운 '턱'은 얼굴에서 입 아래쪽에 있는 부분을 말하잖아요. 턱을 내다니 무슨 말일까요? '턱'에는 여러 가지 뜻이 있는데 그중 하나가 '좋은 일이 있을 때 다른 사람에게 음식을 대접하는 일'입니다. 그러니까 합격이나 승진같이 어떤 일에 성공했을 때 사람들에게 축하도 받고, 그동안 고마웠던 사람들에게 보답하기 위해서 맛있는 것을 대접하는 것을 바로 '턱을 내다'라고 표현합니다. 여기에 '크다'라는 뜻의 '한-'을 더해서 크게 대접한다는 뜻으로 '한턱내다'라고 하는 거지요.

> 메모

PART 04

위로하기

1 미역국 먹었죠, 뭐.

2 내 마음을 알아줘서 고마워요.

3 앞으로 좋은 일만 생길 거예요.

4 조문객이 거의 없어서 눈 좀 붙였어요.

알아 두면 쓸모 있는 한국 문화

[절대 건배하지 마세요!]

세상에서 가장 슬픈 일이 뭘까요? 열심히 준비했던 일에 실패했을 때, 소중한 사람과 다투거나 이별했을 때, 자신이나 소중한 사람이 병에 걸렸을 때 등 살다 보면 이런저런 슬픈 일이 참 많습니다. 하지만 그중에서도 가장 슬픈 일은 소중한 사람과의 영원한 이별, 즉 누군가의 '죽음'이겠지요. 그래서 장례식은 차분한 분위기에서 진행됩니다. 고인(죽은 사람)의 사진을 향해 절을 두 번, 상주에게 절을 한 번 한 다음 상주가 대접하는 음식을 먹게 되는데요, 이때 너무 조용히 있을 필요는 없습니다. 한국 사람들은 장례식장이 너무 조용하게 느껴지지 않게 식사도 하고 술도 마시면서 조문객들끼리 이야기를 나누어야 고인을 쓸쓸하지 않게 보낼 수 있다고 생각합니다. 하지만, 장례식장에서 절대로 해서는 안 되는 것이 있습니다. 바로 서로의 잔을 부딪치는 것입니다. 한국 사람들은 술을 마실 때 서로의 잔을 자주 부딪치곤 하는데요. '건배'라고도 하는 이 행동에는 축하의 뜻이 있기 때문에 장례식장에서는 하지 않게 조심해야 합니다.

- 미역국 먹었죠, 뭐.

- 빈말이라도 고마워요.

- 남자 친구와 헤어졌다면서요?

- 마음이 더 아플 거라는 말을 위로랍시고 하고 있네요.

- 커피숍을 그만두게 되어서 많이 힘드시겠어요.

- 카페 문을 닫은 지금은 오히려 홀가분해요.

- 오전에는 조문객이 거의 없어서 눈 좀 붙였어요.

- 저는 신경 쓰지 마시고 여기에라도 앉아서 좀 쉬세요.

미역국
먹었죠, 뭐.

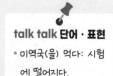

● 미역국(을) 먹다: 시험
에 떨어지다.

수빈 ▸ 위에밍 씨, 지난번에 지원했던 곳 결과
나왔어요?

Yue Ming, did you hear back from the place
you applied to last time?

위에밍 ▸ 아, 그거요? 미역국 먹었죠, 뭐.

Ah, that? I struck out.

수빈 ▸ 아… 그랬군요. 괜찮아요?

Oh… I see. Are you okay?

위에밍 ▸ 괜찮다고 하면 거짓말이고, 많이 힘드네요.

If I say I'm okay, that's be a lie. It's really
tough.

수빈 ▸ 어떡해요…. 열심히 준비했던 만큼 더
속상하겠네요.

What can we do…. You must feel even
worse since you prepared so hard.

그런데 저는 오히려 잘 됐다고 생각해요.

But I actually think it's for the best.

위에밍 ▸ 왜요?

Why?

수빈 ▸ 그곳은 위에밍 씨가 들어가기에 아쉬운
회사였어요.

That company wasn't good enough for you,
Yue Ming.

위에밍 씨는 더 좋은 회사에 들어가게 될
거니까 걱정하지 마세요.

Don't worry, you'll end up at a better
company.

위에밍 하하하, 빈말이라도 고마워요. 저에게는
위로가 되네요.

Hahaha, even if you're just saying it for the
sake of cheering me up, I appreciate it. It's
making me feel better.

수빈 진심으로 하는 말이에요. 아, 그러면 우리
기분 전환 삼아 영화나 보러 갈까요?

I mean it, really. Oh, how about we go
watch a movie for a change in pace?

talk talk 단어 · 표현

- 빈말: 마음에 없으면서
  겉으로만 하는 말
- 진심: 거짓이 없는 순수
  한 마음

문법 check!

- N(으)로 삼다: ① 어떤
  사람을 자기와 관계
  가 있는 사람으로 만들
  다, ② 무엇을 무엇이
  되게 하거나 그렇게
  생각하다, ③ 무엇을
  무엇으로 가정하다. 여
  기서는 ②의 뜻(주로 조
  사를 생략한 후 'N 삼
  아'의 형태로 사용함.)
- N(이)나 하다: 바로 할
  수 없거나 어려운 일은
  뒤로 미루고 바로 할 수
  있거나 원하는 일을 먼
  저 할 것임을 나타낼
  때 쓰는 말

2

내 마음을 알아줘서 고마워요.

문법 check!
• A/V + −다면서(요)?:
이미 알고 있는 사실을
다시 한번 확인하기 위
해 질문할 때 쓰는 말

찬호 웨이 씨, 남자 친구와 헤어졌다면서요?
Wei, did you break up with your boyfriend?

웨이 괜찮을 줄 알았는데, 생각보다 마음이 많이
아프네요.
I thought I would be, but it hurts more than
I expected.

찬호 괜찮아요?
Are you okay?

웨이 꽤 오랫동안… 아니, 영원히 마음이 아플 것
같아요.
For a long time… no, it feels like the pain will
last forever.

찬호 그렇군요. 원래 사랑했던 만큼 아픈 거래요.
I see. They say it hurts as much as you
loved.

그러니까 많이 사랑한 웨이 씨는 오랜 시간
아주 많이 힘들겠죠.
Since you've loved so much, Wei, it might
be hard on you for a long time.

하지만 충분히 슬퍼하고 나면, 이 아픈
순간들이 모두 지나갈 거예요.
But after you ache enough, these painful
moments will all pass.

아… 미안해요. 마음이 더 아플 거라는 말을 위로랍시고 하고 있네요.

Ah… I'm sorry. I'm trying to comfort you by saying it'll hurt more.

웨이 ▶ 하하하, 굉장한 팩폭이지만 이상하게도 그 말이 위로가 되네요.

Hahaha, it's the harsh truth, but strangely enough, it's making me feel better.

내 마음을 알아줘서 고마워요, 찬호 씨.

Thank you for understanding my feelings, Chanho.

찬호 ▶ 그래요. 나는 웨이 씨가 얼마나 속상할지 알아요.

You're welcome. I know how heartbroken you must be.

울고 싶을 때 실컷 울어요. 내가 모르는 척 해 줄게요.

If you want to cry, just cry your heart out. I'll pretend not to notice.

문법 check!
• A/V + −답시고, N(이)랍시고: 앞의 내용을 뒤의 내용의 근거로 내세우지만 앞의 내용이 마음에 들지 않음을 나타낼 때 쓰는 말

talk talk 단어 · 표현
• 팩폭: '팩트(fact)로 폭행하다(때리거나 해치다).'라는 말을 줄인 것으로, 사실을 가지고 상대방을 공격함.
• 실컷: 하고 싶은 대로 마음껏

앞으로
좋은 일만
생길 거예요.

talk talk 단어 · 표현

• 접다: ① 천이나 종이 등을 꺾어서 겹치게 하다, ② 생각이나 일을 그만두다. 여기서는 ② 의 뜻

• 홀가분하다: (마음이) 가볍고 편안하다.

유키▶ 선호 씨, 소식 들었어요. 커피숍을 접으셨다고….

Seonho, I heard the news that you closed your coffee shop.

선호▶ 아… 그렇게 됐어요. 제가 부족해서 그렇죠, 뭐.

Ah… yes, it happened. It's because of my shortcomings.

유키▶ 그래도 커피숍을 꽤 오래 운영하셨는데, 그만두게 되어서 많이 힘드시겠어요.

You ran the coffee shop for quite a while, it must be hard to let it go.

선호▶ 음… 지금도 힘들기는 하지만, 안 되는 가게를 살려 보려고 버티던 과정이 더 힘들었어요.

Well… I'm still struggling now, but trying to keep the failing shop afloat was even harder.

카페 문을 닫은 지금은 오히려 홀가분해요.

Closing the cafe now actually feels like a relief.

유키▶ 그렇군요. 앞으로 좋은 일만 생기려고 이렇게 힘든 일이 먼저 왔나 봐요.

I see. Maybe this tough experience came first so that only good things will happen from now on.

힘내요. 제가 항상 선호 씨 응원하고 있어요.
Cheer up. I'm always rooting for you, Seonho.

선호 정말 고마워요, 유키 씨. 저를 응원해 주는 유키 씨가 있으니까 좀 더 힘내 볼게요.
Thank you so much, Yuki. With you supporting me, I'll try harder.

엎어진 김에 쉬어 간다고, 이렇게 된 김에 그동안 못 갔던 여행도 다녀오고, 다른 새로운 일을 시작해 봐야겠어요.
I guess I should take a break, and take the trips I couldn't before, and start new things.

유키 와, 좋은 계획이네요.
Wow, that sounds like a great plan.

문법 check!

- V + −아/어 보다: ① 앞의 내용을 시험 삼아 함을 나타낼 때 쓰는 말, ② 앞의 내용을 경험한 적이 있음을 나타낼 때 쓰는 말. 여기서는 ①의 뜻
- V + −ㄴ/은/는 김에: 앞의 상태나 행동이 뒤의 일을 할 좋은 기회가 됨을 나타낼 때 쓰는 말

talk talk 단어 · 표현

- 엎어진 김에 쉬어 간다: 생각하지 못한 기회를 만나서 자신이 하려던 일을 한다.

4

조문객이 거의 없어서 눈 좀 붙였어요.

문법 check!
• A/V + −ㄹ/을 텐데:
① 그럴 것이라는 추측
이나 그렇지 않은 것에
대한 아쉬움을 나타낼
때 쓰는 말, ② 실제로
일어나지 않은 상황을
상상해서 그럴 것이라
고 추측할 때 쓰는 말.
여기서는 ①의 뜻

talk talk 단어 · 표현
• 조문객: 사람의 죽음을
슬퍼하며 상주(중심이
되어 장례를 치르는 사
람)를 위로하러 장례
식에 찾아온 사람
• 눈(을) 붙이다: 잠시 잠
을 자다.
• 신경(을) 쓰다: 작은 일
까지 자세히 살피다.

명환 와 주셔서 감사합니다. 많이 바쁘실 텐데….

Thank you for coming. I know you're very busy.

수지 당연히 와야죠. 잠은 좀 주무셨어요?

Of course I had to visit. Did you get some sleep?

명환 네, 오전에는 조문객이 거의 없어서 눈 좀 붙였어요.

Yes, I was able to sleep a bit in the morning since there were hardly any visitors.

수지 이럴 때일수록 잘 드시고 몸 관리 잘 하셔야 해요. 아시겠죠?

You need to eat well and take care of yourself during times like this, you know that, right?

명환 네, 고마워요. 아, 식사 아직 안 하셨죠? 저랑 같이 저쪽으로 가시죠.

Yes, thank you. Oh, you haven't had a meal yet, right? Come with me over there.

수지 아니에요. 저는 신경 쓰지 마시고 여기에라도 앉아서 좀 쉬세요.

No, don't worry about me. You should sit here and rest for a bit.

곧 조문객이 많이 올 텐데, 그때는 쉴 틈이
없으실 거예요.

There will be many visitors soon, and you
won't have time to rest then.

문법 check!

• A/V + -ㄹ/을 거예요:
미래의 상황을 추측할
때 쓰는 말

명환 ▶ (자리에 앉으며) 네, 그럴게요.

(Sitting down) Alright, I'll do that.

수지 ▶ 저는 천천히 먹고 좀 있다가, 갈 때 다시
말씀 드릴 테니까 편하게 계세요.

I'll take my time eating, and when I leave, I'll
let you know. So please, just relax.

명환 ▶ 네, 고마워요.

Thank you.

PART 04-1

Q1 무슨 내용이었죠? 네모 칸을 채워 볼까요?

위에밍은 지난번에 지원했던 회사의 면접에서 떨어졌습니다. 수빈이는 속상해하는 위에밍에게 더 좋은 회사에 취업하게 될 것이기 때문에 [   ] 잘 되었다고 위로하였습니다. 위에밍은 수빈에게 [   ](이)라도 고맙다고 말하였지만, 수빈이는 [   ](으)로 하는 말이라며 위에밍에게 [   ] 삼아 [   ]을/를 보러 가자고 제안하였습니다.

Q2 다음 문법 표현에 제시어를 넣어 문장을 만들어 볼까요?

1) N(으)로 삼다

● 제시어 ●

재미

➡ _____ 산 복권이 당첨됐어요!

2) N(이)나 하다

● 제시어 ●

식사

➡ 그런 얘기는 회의실에서 하고 지금은 _____ 해요.

정답

Q1 오히려, 빈말, 진심, 기분 전환, 영화　　　　**Q2** 1) 재미(로) 삼아
　　　　　　　　　　　　　　　　　　　　　　　　　　2) 식사나

Q1 무슨 내용이었죠? 네모 칸을 채워 볼까요?

웨이는 남자 친구와 헤어졌습니다. 찬호는 슬퍼하는 웨이에게 남자 친구를 많이 사랑했던 ▢▢▢ 오랜 시간 마음이 아프겠지만 ▢▢▢ 슬퍼하고 나면, 아픈 순간들이 모두 ▢▢▢ 것이라고 웨이를 위로하였습니다. 웨이는 자신의 마음을 ▢▢▢ 찬호의 말에 위로를 받고 찬호에게 고마워하였습니다.

Q2 다음 문법 표현에 제시어를 넣어 문장을 만들어 볼까요?

1) A/V + -다면서(요)?

● 제시어 ●
배우다

➡ 마크 씨, 요즘 태권도를 _____ ?

2) A/V + -답시고, N(이)랍시고

● 제시어 ●
선배

➡ _____ 후배에게 함부로 행동하면 안 된다.

정답

Q1 만큼, 충분히, 지나갈, 알아주는

Q2 1) 배운다면서요
2) 선배랍시고

Q1 무슨 내용이었죠? 네모 칸을 채워 볼까요?

선호는 오래 운영했던 커피숍을 접게 되었습니다. 선호는 잘 안 되는 가게를 살려 보려고 ⬚⬚⬚ 과정이 더 힘들었기 때문에 지금이 오히려 ⬚⬚⬚ 하다고 말하였고, 유키는 힘들어하는 선호에게 앞으로 좋은 일만 생길 것이라며 위로하고 응원하였습니다. 선호는 유키의 ⬚⬚ 에 힘을 내서 그동안 못 갔던 ⬚⬚ 도 다녀오고, 다른 새로운 일을 ⬚⬚ 해 보려고 합니다.

Q2 다음 문법 표현에 제시어를 넣어 문장을 만들어 볼까요?

1) V + -아/어 보다

● 제시어 ●
입다

➡ 옷이 몸에 맞는지 한번 ＿＿＿＿＿＿＿＿＿＿＿ 보고 사세요.

2) V + -ㄴ/은/는 김에

● 제시어 ●
가다

➡ 제주도에 출장을 ＿＿＿＿＿＿＿＿＿ 잠깐 여행도 하고 왔어요.

정답 ⋯⋯
Q1 버티던, 홀가분, 응원, 여행, 시작 **Q2** 1) 입어
2) 간 김에

Q1 무슨 내용이었죠? 네모 칸을 채워 볼까요?

명환이는 장례식을 치르고 있습니다. 수지는 명환이를 위로하기 위해 장례식장에 ☐☐☐ (으)로 방문하였습니다. 수지는 명환이가 잠을 좀 잤는지 걱정하였고, 명환이는 조문객이 거의 없었던 ☐☐ 에 눈을 좀 ☐☐ 두었다고 말하였습니다. 수지는 명환이를 배려하여 곧 조문객이 많이 올 테니 그 전까지 ☐☐☐ 쉬어 두라고 말하였습니다.

Q2 다음 문법 표현에 제시어를 넣어 문장을 만들어 볼까요?

1) A/V + -ㄹ/을 텐데

```
●─────── 제시어 ●───────
              피곤하다
```

➡ 긴 여행을 다녀오느라 _____ 어서 들어가 쉬어요.

2) A/V + -ㄹ/을 거예요

```
●─────── 제시어 ●───────
              즐겁다
```

➡ 마라톤에 참여하면 힘은 들겠지만 _____ 거예요.

정답

Q1 조문객, 오전, 붙여, 앉아서

Q2 1) 피곤할 텐데
2) 즐거울

미역국을 먹었다고요? 생일인가요?

한국에서는 시험을 보는 학생들을 '수험생'이라고 합니다. 한국 사람들은 수험생에게 무슨 선물을 할까요? 요즘은 힘을 내라는 뜻으로 초콜릿이나 에너지 음료를 주곤 하지만, 옛날에는 주로 엿이나 찹쌀떡을 줬습니다. 왜 그랬을까요? 맛있으니까? 아니에요. 엿과 찹쌀떡은 끈적끈적해서 어딘가에 잘 달라붙는다는 특징이 있거든요. 이 특징이 수험생을 위한 선물이랑 어떤 관련이 있냐고요? 컴퓨터를 사용하는 사람이 거의 없었던 옛날에는 시험을 보고 나서 그 학교에 합격을 했는지 못 했는지 직접 지원한 학교에 가서 확인을 했답니다. 학교 앞 합격자 게시판에는 합격한 사람들의 이름이 붙어 있었지요. 그래서 '붙다'라는 표현을 '합격하다'의 뜻으로 쓰고 '떨어졌다'라는 표현을 '불합격하다'의 뜻으로 쓰는 겁니다. 이런 의미에서 시험에 꼭 붙으라고 끈적끈적한 성질이 있는 엿과 찹쌀떡을 수험생에게 선물하는 거고요. 그런데 미역은 미끈미끈하잖아요. 그래서 시험에 붙지 못하고 떨어졌을 때 미역의 미끈미끈한 성질을 이용해서 '미역국을 먹었다'라고 표현합니다.

메모

PART
05
📢 MP3 05

고민 상담하기

1 성적이 계속 떨어져서 큰일이에요.

2 저는 제 사업을 해 보고 싶어요.

3 원래 연인들은 사소한 일로 다투곤 해요.

4 아낀 돈은 꼭 필요한 곳에 쓰세요.

알아 두면 쓸모 있는 한국 문화

[누구에게 이 고민을 털어놓지요?]

사람들은 나이가 많든 적든 모두 크고 작은 고민을 가지고 있습니다. 이런 고민은 어떻게 해결해야 할까요? 우리는 대부분 주변 사람들에게 고민을 상담하곤 합니다. 하지만 주변 사람들에게 말할 수 없거나 말해도 문제가 해결되지 않는 고민이 있을 수 있지요. 이럴 때에는 전문가에게 상담을 받아 보세요. 한국에는 고민을 들어 주는 다양한 기관들이 있습니다. 나이에 따라서 달라지는 고민이라면 청소년은 '청소년사이버상담센터(www.cyber1388.kr)'에서, 청년은 '서울청년센터 오랑(youth.seoul.go.kr/site/orang/home)'에서 상담을 받을 수 있습니다. 그리고 한국에 사는 외국인이라면 사는 곳과 가까운 '외국인주민상담지원센터'에서 도움을 받을 수 있지요. 또 일자리(직장, 회사)나 직장 생활과 관련된 고민은 '1350 고용노동부 고객상담센터(1350.moel.go.kr/home)'에 문의할 수 있답니다.

미리 보는 중요 표현

- 취업할 때 문제가 될 정도로 성적이 안 좋아요.

- 저는 지금 정말 절실해요.

- 제가 곧 졸업을 하는데 진로 때문에 고민이에요.

- 도움이 되었다니 정말 다행이다.

- 원래 연인들은 사소한 일로 다투곤 하잖아요.

- 사실 부부들조차도 서로에 대해서 잘 모르고 사는 경우가 많거든요.

- 어제 가계부를 쭉 살펴봤는데, 식비의 비중이 너무 크더라고요.

- 지출을 줄여 보려고 해도 잘 안 되더라고요.

1

성적이 계속 떨어져서 큰일이에요.

📌
문법 check!
• A/V + -ㄹ/을 정도로:
다음에 나오는 내용에
대한 정도를 나타낼
때 쓰는 말

📌
talk talk 단어 · 표현
• 절실하다: 매우 급하고
꼭 필요하다.

 사라 씨, 무슨 고민 있어요? 요즘 표정이 좀 어두워 보여요.

Sara, is there something bothering you? You seem to look down these days.

 성적이 계속 떨어져서 큰일이에요.

My grades keep dropping, and it's a big problem.

취업할 때 문제가 될 정도로 성적이 안 좋은데, 어떡하죠?

My grades are so bad that it could be a problem when I find a job. What should I do?

유빈 저에게 성적을 올릴 좋은 방법이 있는데, 알려 드릴까요?

I have a good way to raise your grades, do you want me to tell you?

사라 네, 빨리 알려 주세요. 저는 지금 정말 절실해요.

Yes, please tell me quickly. I'm really desperate right now.

유빈 그건 바로 수업을 열심히 듣는 거예요.

It's simple, listen carefully to your classes.

사라 에이, 그게 뭐예요. 수업을 열심히 들어야 한다는 걸 누가 몰라요?

Hey, come on. Who doesn't know that we should listen carefully in class?

유빈 다들 알죠. 그런데 다들 알면서도 못하는 일이에요.

Everyone knows, but not everyone can do it.

수업 시간은 보통 50분 정도인데요, 그동안 한곳에만 집중하는 게 생각보다 간단하지 않아요.

Classes are usually 50 minutes long, and focusing on one thing for that long isn't as easy as you might think.

50분 동안 계속 집중하기 위해서는 끈기가 필요하거든요.

To concentrate for 50 minutes, you need perseverance.

끈기를 얻기 위해서는 반복적인 노력이 필요한데 이 과정은 '연습'이라기보다는 '훈련'이라고 하는 게 어울릴 거예요.

To gain perseverance, you need repeated efforts. It's more appropriate to call this a "training" process rather than "practice."

사라 그렇군요. 수업을 열심히 듣는 훈련을 해야겠어요.

I see. I need to train myself to listen carefully in class.

유빈 네, 그리고 수업 시간에 집중을 하면, 내가 모르는 것이 무엇인지, 그래서 무엇을 더 공부해야 하는지 자연스럽게 알게 돼요.

Yes, and when you concentrate during class, you naturally find out what you don't know and what you need to study more.

문법 check!

• 생각보다 A/V + −(하)다: 예상하고 있던 상태나 상황과 다르거나 예상한 것보다 그 정도가 심함을 나타낼 때 쓰는 말

talk talk 단어 · 표현

• 끈기: ① 끈끈한 성질, ② 쉽게 포기하지 않고 계속해서 참고 견디는 성질. 여기서는 ②의 뜻

• 연습: 무엇을 잘할 수 있도록 또는 실제로 하듯이 반복하여 익힘.

• 훈련: ① 기본자세나 동작을 반복하여 익힘, ② 가르쳐서 익히게 함. 여기서는 ①의 뜻

talk talk 단어 · 표현

• 복습: 배운 것을 다시 공
 부함.

• 예습: 앞으로 배울 것을
 미리 공부함.

수업을 잘 들어야 복습을 할 수 있고, 복습을
하다 보면 자연스럽게 예습도 하게 되고요.

Listening well in class enables you to go
review the material, and as you review,
you'll naturally start preparing for the next
class as well.

그러니 공부는 수업을 잘 듣는 것부터
시작하는 게 가장 좋아요.

So, the best way to study is to start by
listening carefully in class.

유키 ▶ 준 선배님, 제가 곧 졸업을 하는데 진로 때문에 고민이에요.

Jun, I'm about to graduate, but I'm worried about my career path.

요즘 '졸업하고 뭐 하지?' 하는 생각에 걱정이 되어서 잠도 안 오고 그래요.

These days, I can't sleep because I'm worried about 'what I'll do after graduation.'

준 ▶ 그렇구나. 그때가 많이 힘든 시기지. 나도 막 4학년이 되었을 때가 가장 힘들었어.

I see. That's a tough time. My hardest time was when I became a senior in college.

유키 ▶ 다른 친구들은 모두 부지런히 취업 준비를 하고 있더라고요.

All my friends are diligently preparing for their careers.

저도 영어 공부니 자격증 취득이니 열심히 하고는 있지만 제가 잘 하고 있는 건지 모르겠어요.

I'm working hard on studying English and acquiring certifications, but I don't know if I'm doing well.

준 ▶ 취업 준비를 하고는 있지만 아직 확실한 목표를 정하지는 못 했구나?

So you're preparing for a job, but you haven't set a clear goal yet?

2

저는 제 사업을 해 보고 싶어요.

talk talk 단어 · 표현

- 진로: 앞으로 나아갈 길
- 자격증: 어떤 일을 할 조건이나 능력이 됨을 나타내는 증명서
- 취득: 물건이나 자격 등을 자신의 것으로 만들어 가짐.

문법 check!

- N1(이)니 N2(이)니: 어떤 주제와 관련이 있는 종류를 하나씩 늘어놓을 때 쓰는 말

talk talk 단어 · 표현

• 사업: ① 돈을 벌기 위해서 가게나 회사 등을 관리하고 이끌어 나가는 일, ② 어떤 목적을 위해 조직적으로 하는 사회 활동. 여기서는 ①의 뜻

• 분야: 어떤 기준으로 나눈 부분 중의 하나

• 창업: 사업을 처음으로 시작함.

유키는 뭘 하고 싶은데?

What do you want to do, Yuki?

유키 저는 사실 패션 쪽에서 제 사업을 해 보고 싶어요.

To be honest, I want to start my own business in fashion.

그런데 다른 사람들은 사업에 대해 아는 것도 없으면서 네가 무슨 사업이냐고 모두 반대하더라고요.

But everyone opposes the idea, saying I don't know anything about business.

준 에이, 그런 게 어디 있어.

Come on, there's no such thing.

아는 게 없으면 공부해서 알아 가고, 경험이 없으면 경험을 쌓아 가면 되지.

If you don't know something, you can always study for it, and if you don't have experience, you can always gain it.

패션 쪽은 앞으로도 발전하는 분야인 데다가 유키는 센스 있고 성실해서 창업을 해도 잘 할 거라 생각해, 난.

Fashion is a growing industry, and I think you'll do well in starting a business because you're talented and diligent, Yuki.

유키 그렇게 말씀해 주셔서 정말 고맙습니다.

Thank you so much for saying that.

준 하지만 먼저 네가 관심이 있는 분야의 회사에 다니면서 그 분야에 대한 경험을 쌓아야 해.

But first, you need to gain experience in the field you're interested in by working for a company.

그러면서 인맥도 넓히고 말이야.

That way, you can expand your network.

그리고 적당한 시기가 되면 직장을 그만두고 네 사업을 하는 거야.

And when the time is right, you can quit your job and start your own business.

유키 와, 좋은 방법이네요. 정말 고맙습니다.

Wow, that's a great plan. Thank you so much.

선배님이랑 이야기하면서 앞으로의 제 계획이 쫙 세워진 느낌이에요.

Talking with you has helped me set a clear plan for my future.

준 그래? 도움이 되었다니 정말 다행이다.

Really? I'm glad I could help.

오늘 밥은 내가 살 테니까 나중에 네가 사장님이 되면 비싼 걸로 사 줘. 어때?

I'll buy you dinner today, so when you become a successful entrepreneur, you can treat me to an expensive meal. Deal?

talk talk 단어 · 표현
- 인맥: 사람들 사이의 관계
- 사장님이 되다: 사업을 시작하다.(사업을 시작하면 직원들에게 '사장님'이라고 불리게 됨.)

문법 check!
- A/V + -다(고 하)니 (까): 어떤 말을 듣고 나서 자신의 느낌을 표현할 때 쓰는 말

유키 ▶ 좋아요. 제가 꼭 크게 성공해서 아주 비싼 밥 살게요.

Deal. I'll be sure to succeed and treat you to with something fancy.

3

원래 연인들은 사소한 일로 다투곤 해요.

히에우 ▶ 마리아 씨, 오랜만이에요.
Maria, long time no see.

마리아 ▶ 어? 히에우 씨, 잘 지냈어요?
Oh? Hieu, how have you been?

인스타그램 보니까 여자 친구랑 알콩달콩
행복해 보이던데요?
You seem so happy with your girlfriend on
Instagram these days.

오늘은 여자 친구 안 만나요?
Aren't you meeting her today?

히에우 ▶ 아… 그게….
Well… about that….

마리아 ▶ 왜요? 싸웠어요?
What's wrong? Did you have a fight?

히에우 ▶ 네…. 요즘 정말 답답해요. 사소한 일로 자주
다투거든요.
Yes…. It's been really frustrating lately. We
often fight over little things.

마리아 ▶ 원래 연인들은 사소한 일로 다투곤 하잖아요.
Couples usually fight over trivial things, you
know.

talk talk 단어 · 표현
- 알콩달콩: 사이좋은 모습
- 사소하다: 중요하지 않
  은 정도로 아주 작거나
  적다.

문법 check!
- A/V + −곤 하다: 같은
  상태나 행동이 반복됨
  을 나타낼 때 쓰는 말

talk talk 단어 · 표현

- 잦다: ① 자주 있다, ② 거센 기운이 잠잠해지거나 가라앉다. 여기서는 ①의 뜻
- 발견하다: 처음으로 찾아내다.
- 풍부하다: 넉넉하고 많다.
- 감정의 골이 깊다: 서로 나쁜 감정을 가지고 있어서 화해하기 어려운 상태이다.

문법 check!

- A/V + -다(가) 보니 (까): 어떤 행동이 이유가 되어서 다음에 나오는 내용이 결과가 됨을 나타낼 때 쓰는 말

> **히에우** 네, 그렇지만 요즘 다툼이 잦아지다 보니 서로 감정의 골이 깊어져서 너무 힘들어요.
> Yes, but as the arguments have become more frequent, our emotional rift has deepened, and it's become really hard.
>
> 이렇게 서로 힘들어하다가 헤어지는 건 아닌지 걱정이 돼요.
> I'm worried that we might break up like this.

> **마리아** 그렇군요. 많이 힘들겠네요. 원래 만난 지 한두 달 지났을 때가 제일 힘들대요.
> I see. That must be tough. They say the first few months of a relationship are the hardest.
>
> 서로 가까워진 만큼 서로에 대한 기대도 커지고, 상대방에게서 이해하기 어려운 모습도 발견하기 시작하는 때니까요.
> As you get closer, expectations grow, and you start to discover things about each other that are hard to understand.

> **히에우** 그러면 어떡하죠? 마리아 씨는 연애 경험이 풍부하니까 조언을 좀 해 주세요.
> What should I do? Maria, you have a lot of experience with relationships, please give me some advice.

마리아▶ 제가 두 분의 상황을 잘 아는 건 아니지만,
서로에게 관심을 더 가져 보는 게 좋을 것
같아요.

I don't know your situation very well, but I
think it would be good to show more
interest in each other.

연인들은 서로를 잘 알고 있다고 생각하지만,
사실 부부들조차도 서로에 대해서 잘 모르고
사는 경우가 많거든요.

Couples often think they know each other
well, but even married couples often don't
know much about each other.

히에우▶ 그렇군요. 저도 요즘 다투면서 여자친구를
많이 몰랐다는 생각이 들었어요.

I see. I've been realizing lately that there's a
lot I don't know about my girlfriend as we
fight.

마리아▶ 서로를 더 잘 알게 되면 서로를 이해하기 더
쉬울 거예요.

The better you get to know each other, the
easier it will be to understand one another.

두 분이서 잘 이야기해 보세요.

Try to have a good conversation together.

히에우▶ 고마워요. 정말 큰 도움이 되었어요.
여자 친구와 좀 더 많은 이야기를 나눠 볼게요.

Thank you. This was really helpful. I'll try to
have more conversations with my girlfriend.

talk talk 단어 · 표현
- 연인: 서로 사랑하여
  사귀는 남자와 여자
- 부부: 남편과 아내

문법 check!
- N조차(도): 이미 어떤
  것이 포함되고 그 위에
  더해 예상하기 어려운
  경우까지 포함함을 나
  타낼 때 쓰는 말

4

아낀 돈은
꼭 필요한
곳에 쓰세요.

talk talk 단어 · 표현

- 가계부: 수입(들어오는 돈)과 지출(나가는 돈)을 기록하는 책
- 식비: 먹는 데 드는 돈
- 비용: 어떤 일을 하는 데 드는 돈
- 가난하다: 돈이 없어서 생활이 어렵다.

문법 check!

- A/V + −다고 볼 수 있다, N(이)라고 볼 수 있다: 앞의 내용에서 설명하는 대로 생각하거나 설명할 수 있음을 나타낼 때 쓰는 말

유토 어제 가계부를 쭉 살펴봤는데, 식비의 비중이 너무 크더라고요.

I looked through my household budget yesterday and noticed that my proportion of food expenses is too high.

지난달에는 먹고 마시는 데에만 월급의 절반 정도를 쓴 것 같아요.

Last month, I think I spent about half of my salary on eating and drinking.

수지 하하하, 유토 씨는 먹고 마시는 데 진심이군요.

Hahaha, Yuto, you're really into eating and drinking.

유토 지출 비용 중에서 식비가 차지하는 비용이 클수록 가난한 사람이라고 하던데…. 저는 가난한 걸까요?

They say the higher the proportion of food expenses in one's budget, the poorer the person…. Am I poor?

수지 아, 모두가 그런 건 아니에요. 유토 씨는 당장의 배고픔을 해결하기 위해서만 식비를 쓰는 게 아니잖아요.

No, not everyone is like that. Yuto, you don't just spend money on food to satisfy your hunger.

유토 씨에게 식비는 좋은 분위기, 다양한 맛 등을 즐기는 문화비라고 볼 수 있죠.

Your food expenses equate to good atmospheres and various flavors, so I guess you could also think of it as cultural expenses.

유토 ▶ 그렇군요. 그런데 저는 항상 돈이 부족해요.
지출을 줄여 보려고 해도 잘 안 되더라고요.

I see. But I'm always short on money. I've
tried to cut down on my expenses, but I
don't think it's working well.

가계부도 꾸준히 쓰고 있는데….

I've been keeping track of my expenses in a
household budget….

수지 ▶ 가계부를 쓰는 건 아주 좋은 습관이네요.
그러면 한 달 지출 계획은 세워 봤나요?

Keeping a household budget is a great
habit. Have you set up a monthly spending
plan?

유토 ▶ 아니요, 계획은 아직….

No, no plan yet….

수지 ▶ 지출을 줄이려면 유토 씨가 한 달 동안 쓸
돈을 미리 정해 두어야 해요.

To reduce spending, you need to decide in
advance how much money you will spend
in a month.

우선 이번 달의 지출 내역을 잘 살펴보고
다음 달 지출 계획을 세워 보세요.

First, take a close look at this month's
expenses and plan your spending for the
next month.

더 줄일 수 있는 지출은 없는지 살펴보고요.

Check if there are any expenses you can
further reduce.

문법 check!

• V + -(으)려고 해도:
어떤 것을 하고 싶지만
할 수 없는 상황일 때
쓰는 말

유토▶ 네, 그렇게 해 볼게요.

Okay, I'll try that.

수지▶ 꼭 아끼기만 하라는 건 아니에요.

It's not just about saving money.

불필요한 소비를 줄이고, 그렇게 아낀 돈으로 진짜 필요한 곳, 예를 들면 꼭 하고 싶은 일을 하는 데 돈을 쓰는 거죠.

It's about cutting unnecessary spending and using the saved money for things that are really necessary, like doing something you really want to do.

유토▶ 아, 그렇군요. 일단 가계부를 보면서 한 달 지출 계획부터 세워 볼게요.

Oh, I see. I'll start by setting up a monthly spending plan while looking at my household budget.

그 다음에 수지 씨에게 다음 단계를 물어봐도 될까요?

Can I ask you about the next steps after that?

수지▶ 네, 언제든지요!

Sure, anytime!

---

talk talk 단어·표현

• 불필요하다: 필요하지 않다.

• 소비: 돈, 물건, 시간, 노력, 힘 등을 써서 없앰.

PART 05-1

Q1 무슨 내용이었죠? 네모 칸을 채워 볼까요?

사라는 ___이/가 계속 떨어지는 것에 대해 ___을/를 하고 있습니다. 유빈이는 그런 사라에게 수업을 열심히 들으라고 제안하였습니다. 수업을 열심히 들어야 성적이 오른다는 것은 모두가 알지만 수업 시간 동안 계속 집중하기 위한 ___을/를 얻으려면 반복적인 ___이/가 필요하고 이 과정은 '___'(이)라고 하는 것이 어울린다고 말하였습니다. 또, 수업 시간에 집중을 하면 자연스럽게 ___와/과 예습도 할 수 있다고 말하였습니다.

Q2 다음 문법 표현에 제시어를 넣어 문장을 만들어 볼까요?

1) A/V + -ㄹ/을 정도로

┌─────────── ● 제시어 ● ───────────┐
│   못 알아보다   │
└─────────────────────────────────┘

➡ 그새 _____ 키가 많이 자랐구나!

2) 생각보다 A/V + -(하)다

┌─────────── ● 제시어 ● ───────────┐
│   쉽다   │
└─────────────────────────────────┘

➡ 이번 시험은 _____ 던데요?

정답

Q1 성적, 고민, 끈기, 노력, 훈련, 복습

Q2 1) 못 알아볼 정도로
2) 생각보다 쉽

Q1 무슨 내용이었죠? 네모 칸을 채워 볼까요?

유키는 패션 쪽에서 ☐ 을/를 하고 싶은데 영어 공부나 자격증 취득이 도움이 되는 것인지, 모두가 반대하는 사업을 해도 될지 등 ☐ 에 대해 고민을 하고 있습니다. 준이는 유키에게 관심이 있는 ☐ 의 회사에 다니면서 ☐ 을/를 쌓고 ☐ 을/를 넓힌 후 적당한 시기에 회사를 그만두고 창업해 보라고 조언을 하였습니다.

Q2 다음 문법 표현에 제시어를 넣어 문장을 만들어 볼까요?

1) N1(이)니 N2(이)니

● 제시어 ●

모임 / 여행

➡ _____ 하지만 저는 집에서 쉬는 게 좋아요.

2) A/V + -다(고 하)니(까)

● 제시어 ●

힘들다

➡ 네가 그동안 _____ 나도 속상해.

정답

Q1 사업, 진로, 분야, 경험, 인맥

Q2 1) 모임이니 여행이니
  2) 힘들었다(고 하)니(까)

Q1 무슨 내용이었죠? 네모 칸을 채워 볼까요?

히에우는 여자 친구와 ⬚ 일로 자주 ⬚ 것에 대해 고민을 하고 있습니다. 마리아는 연인뿐 아니라 부부들 서로를 잘 알고 있다고 생각하지만 사실 모르는 경우가 많기 때문에, 서로에게 더 ⬚ 을/를 가지고 상대방에 대해 좀 더 알게 되면 서로를 ⬚ 하기 쉬울 것이라고 조언을 하였습니다.

Q2 다음 문법 표현에 제시어를 넣어 문장을 만들어 볼까요?

1) A/V + -곤 하다

● 제시어 ●
읽다

➡ 그는 쉬는 시간에 책을 _____ 했다.

2) A/V + -다(가) 보니(까)

● 제시어 ●
듣다

➡ 그 말을 가만히 _____ 화가 나지 뭐예요.

정답

Q1 사소한, 다투는, 조차도, 관심, 이해

Q2 1) 읽곤
    2) 듣다(가) 보니(까)

Q1 무슨 내용이었죠? 네모 칸을 채워 볼까요?

유토는 ▯▯▯ 을/를 줄여 보려고 ▯▯▯ 을/를 써도 항상 돈이 ▯▯ 하고, 특히 지출 비용 중에서 식비의 비중이 너무 큰 것에 대해 고민하고 있습니다. 수지는 유토에게 우선 이번 달의 지출 내역을 잘 살펴보고 다음 달 지출 계획을 세워 보라고 조언을 하였습니다. 그러면서 ▯▯▯▯▯ 소비를 줄여서 아낀 돈으로 진짜 필요한 곳에 쓰라고 말하였습니다.

Q2 다음 문법 표현에 제시어를 넣어 문장을 만들어 볼까요?

1) A/V + -다고 볼 수 있다, N(이)라고 볼 수 있다

● 제시어 ●
경험

➡ 모든 실패는 성공을 위한 _____ 있다.

2) V + -(으)려고 해도

● 제시어 ●
참다

➡ 웃음을 _____ 자꾸 웃음이 나요.

정답

Q1 지출, 가계부, 부족, 불필요한

Q2 1) 경험이라고 볼 수
　 2) 참으려고 해도

상담을 잘하기 위한 꿀Tip!

여러분에게 소중한 사람이 힘든 일을 겪었거나 겪고 있다면 너무 속상하겠지요? 여러분의 소중한 사람이 더 힘들어하지 않도록 여러분이 고민을 들어 주고 상담을 해 줄 때가 있을 텐데요. 이런 상황에서는 어떤 말을 하는 것이 좋을까요? 바로 "어머! 웬일이야!", "아, 그랬구나…." 이 두 가지가 가장 중요합니다. 먼저 "어머! 웬일이야!"는 상대방이 정말 큰일을 겪어서 많이 힘들만한 상황이라는 것을 알게 되었다는 뜻으로 말합니다. 그리고 "아, 그랬구나…."는 그 상황에 공감해 슬픔과 고통을 함께 느낀다는 뜻으로 말하지요. 그래서 상대방이 고민을 털어 놓을 때 이런 반응을 하면서 이야기를 잘 들어 주면, 특별한 해결책을 주지 않아도 상대방은 위로를 얻고 스스로 문제를 해결할 방법을 찾게 된다고 하네요. 여러분도 소중한 사람과 이야기할 때 꼭 이 두 가지 말을 잘 사용해 보세요. "어머! 웬일이야!", "아, 그랬구나…."

 이따가 VS 있다가

'이따가'와 '있다가' 중 어느 것이 맞는 표현일까요? 둘 다 맞습니다. 둘 다 맞는 말인데 둘은 각자 다른 뜻을 가지고 있지요. '이따가'는 '조금 지난 후에'를 뜻합니다. 'later'의 뜻인 '나중에'와 비슷한 말이지요. '있다가'는 'stay'의 뜻인 '있다'라는 동사에 '-다가'라는 연결 어미가 결합된 형태입니다. 그러니까 어떤 곳에 머무르는 상태가 변화되어 그 다음 행동을 하는 것을 말하지요.

> A: 지영 씨, 이 서류 좀 검토해 주시겠어요?
> B: 아, 지금은 좀 어렵겠습니다. 거기 두고 가시면 제가 이따가/있다가 검토할게요.

> A: 바로 부산에 갈 거예요?
> B: 아니요, 경주에 있는 친구네 집에 며칠 이따가/있다가 부산으로 가려고요.

PART 06

🔊 MP3 06

감사 인사하기

1 꼭 한번 찾아뵐게요.

2 모두 선생님 덕분이에요.

3 원래 고마움은 밥으로 표현하는 거래.

4 엄마, 정말 고마워요.

알아 두면 쓸모 있는 한국 문화

[빨간 내복? 너무 촌스럽지 않아요?]

가고 싶었던 회사에 취업하게 되면 정말 기쁘겠지요? 이렇게 취업 성공의 기쁨을 누릴 수 있는 건 여러분이 취업 준비를 정말 열심히 했을 뿐 아니라 주변 사람들이 내가 취업에 성공하기를 바라면서 도와주고 응원해 주었기 때문일 거예요. 이렇게 나에게 큰 힘이 되어 준 고마운 사람들에게 어떻게 감사 표현을 할 수 있을까요? 오래전 한국에서는 첫 월급을 타면 부모님께 빨간색 내복을 선물하곤 했습니다. 이제까지 낳아 주시고 키워 주신 부모님께 처음 직접 번 돈으로 따뜻한 내복을 선물하며 감사의 뜻을 표현하는 것이었지요. 그런데 왜 빨간색이었을까요? 그때의 염색 기술로는 내복의 옷감에 염색하기 가장 쉬웠던 색깔이 빨간색이었고, 빨간색이 따뜻해 보이면서도 부(넉넉한 재산)와 건강을 의미했기 때문입니다. 그 이후에 염색 기술이 발달해서 다양한 색깔의 내복이 나왔지만, 첫 월급을 탄 후 부모님께 드리는 감사의 선물은 한동안 빨간 내복이었다고 하네요.

- 힘들 때 격려도 해 주셔서 많은 힘이 되었어요.

- 회사 일은 할 만해?

- 오늘은 겨울치고 따뜻한 날씨더라고요.

- 선생님께서 그동안 도와주신 것들을 다 말하려면 오늘 밤새워야 해요.

- 그렇지 않아도 너에게 카톡하려던 참이었어.

- 너 아니었으면 오늘 발표 잘 끝내기 어려웠을 거야.

- 꽃집에 갔다가 엄마가 좋아하시는 칼라 꽃이 자꾸 눈에 밟혔어요.

- 저 이렇게 건강하게 낳아 주시고 잘 키워 주셔서 정말 고마워요.

1

꼭 한번 찾아뵐게요.

문법 check!
- A/V + -다니(요)?, N(이)라니(요)?: 어떤 것을 듣고 아주 놀라거나, 사실과 다름을 강조할 때 쓰는 말

talk talk 단어 · 표현
- 알바: '아르바이트(Arbeit)'의 줄임말로, 직업이 아닌, 임시로 돈을 벌기 위해 하는 일
- 여러모로: 여러 방면으로
- 격려: 용기나 의욕이 생기도록 기운을 북돋아 줌.

프엉 ▶ 여보세요? 사장님, 저 프엉이에요.
Hello? Boss, this is Phuong.

사장 ▶ 오, 프엉! 잘 지냈어?
Oh, Phuong! How have you been?

프엉 ▶ 네, 잘 지냈어요. 그리고 사장님 덕분에 회사도 잘 다니고 있고요.
Yes, I've been doing well. Thanks to you, I'm also doing well at the company.

사장 ▶ 하하하, 내 덕분이라니? 프엉은 워낙 성실하고 열정적이라서 어디에 가도 잘 해낼 거라고 생각했어.
Hahaha, you're giving me credit? I've always thought that you'll do well wherever you go because you're diligent and passionate.

프엉 ▶ 정말 고맙습니다, 사장님.
Thank you so much, boss.

제가 편의점에서 알바할 때 사장님께서 평소에 여러모로 도움이 되는 말씀도 많이 해 주시고, 힘들 때 격려도 해 주셔서 많은 힘이 되었어요.
When I worked part-time at the convenience store, you always gave me helpful advice and encouragement, which gave me a lot of strength.

사장 그렇게 말해 주니 고맙다. 회사 일은 할 만해?

I'm grateful for your kind words. How's the company work? Manageable?

프엉 네, 일이 가끔 힘들 때도 있지만 편의점에서 쌓은 경험들이 많은 도움이 되더라고요.

Yes, the work is sometimes tough, but my experience from working at the convenience store has been very helpful.

사장 정말 잘 됐구나.

That's great to hear.

프엉 사장님, 언제 한번 편의점에 놀러 가도 되죠?

Boss, can I visit the convenience store sometime?

사장 그럼! 요즘은 저녁 8시부터 내가 있으니 저녁에 놀러 와.

Sure! I'm there from 8 pm these days, so come by in the evening.

프엉 네, 그러면 꼭 한번 찾아뵐게요.

Okay, I'll definitely visit you sometime.

문법 check!

• V + -ㄹ/을 만하다:
② 어떤 일을 할 때 힘들거나 어려운 정도가 참을 수 있는 정도임을 나타낼 때 쓰는 말
(① PART 03-1, ③ PART 15-3 참고)

2

모두 선생님 덕분이에요.

문법 check!

- N치고: ① 앞의 내용과 뒤의 내용이 같음을 나타낼 때 쓰는 말, ② 뒤의 내용이 앞의 내용의 예외(보통의 것에서 벗어남.)가 될 때 쓰는 말. 여기서는 ②의 뜻
- V + -(으)면서: 두 가지 일을 동시에 할 때 쓰는 말

제니 ▶ 어? 선생님, 일찍 나오셨네요?

Oh? Teacher, you came out early today?

교사 ▶ 어, 제니 왔구나. 밖에 많이 춥지?

Ah, Jenny, you're here. Isn't it cold outside?

제니 ▶ 아니에요. 오늘은 겨울치고 따뜻한 날씨더라고요. 오래 기다리셨어요?

No, it's actually quite warm for winter today. Have you been waiting long?

교사 ▶ 아니야, 난 할 일이 있어서 일찍 나온 거야. 그동안 커피 마시면서 일하고 있었어.

No, I had some work to do, so I came out early. I was working while having coffee.

제니 ▶ 아, 그러셨구나. 아! 스승의 날을 맞아 준비했어요. 작지만 제 마음입니다. 받아 주세요.

Oh, I see. Ah! I prepared this for Teacher's Day. It isn't much, but it's from my heart. Please accept it.

교사 ▶ 아이고, 내가 해 준 게 뭐가 있다고 이런 걸⋯ 그냥 오지 그랬어.

Oh, you shouldn't have. What have I done to deserve this? You didn't have to.

제니 ▶ 아니에요. 제가 이렇게 한국 생활에 잘
적응하고, 어려운 일들을 잘 헤쳐 나갈 수
있었던 건 모두 선생님 덕분이에요.

No, it's all thanks to you that I could adapt
so well to life in Korea and overcome
difficult challenges.

선생님께서 그동안 도와주신 것들을 다
말하려면 오늘 밤새워야 해요.

If I were to list all the things you've helped
me with, I'd have to stay up all night.

교사 ▶ 하하하, 제니 입담은 여전하네. 고마워, 잘 쓸게.

Hahaha, Jenny, your witty remarks never
change. Thank you, I'll use it well.

제니야, 뭐 먹을래? 내가 주문하고 올게.
나도 시원한 거 한 잔 더 마셔야겠다.

What do you want to eat, Jenny? I'll go
order something. I think I'll get another cold
drink for myself.

talk talk 단어 · 표현

• 헤쳐 나가다: 어려운
  상황을 이겨 내다.
• 밤새우다: 잠을 자지
  않고 밤을 지내다.
• 입담: 말하는 솜씨
• 여전하다: 전과 똑같다.

3

원래 고마움은 밥으로 표현 하는 거래.

문법 check!
- V + -(으)려던 참이 다: 아주 가까운 미래 에 어떤 것을 하려고 할 때 쓰는 말
- A/V + -ㄹ/을 것이다: 일어나지 않은 상황을 상상할 때 쓰는 말

talk talk 단어 · 표현
- 구세주: 신처럼 어려운 상황에서 중요한 순간 에 도움을 주는 사람
- 생명의 은인: 목숨을 구 해주는 사람처럼 어려 운 상황에서 큰 도움을 주는 사람
- 아이디어(idea): 어떤 일에 대한 생각
- PPT: '파워포인트(Power Point)'라는 프로그램 또는 이 프로그램을 통 해 만든 발표 자료

다이 ▶ 유키야, 발표는 잘 했어?

Yuki, did your presentation go well?

유키 ▶ 아, 다이야! 그렇지 않아도 너에게 카톡하려던 참이었어. 네가 도와준 덕분에 발표는 무사히 잘 넘겼어.

Oh, Dai! I was just about to send you a KakaoTalk. Thanks to your help, my presentation went smoothly.

너 아니었으면 오늘 발표 잘 끝내기 어려웠을 거야. 넌 내 구세주, 생명의 은인이야. 정말 고마워.

Without you, it would have been difficult to finish the presentation today. You are my savior, a lifesaver. Thank you so much.

다이 ▶ 하하하, 내가 뭘 했다고. 네가 더 고생 많았지.

Hahaha, what did I do? You worked harder.

유키 ▶ 무슨 소리야, 네가 아이디어도 주고, 자료도 찾아 주고, PPT도 만들어 주고, 게다가 이 모든 작업들을 네 노트북으로 했는걸.

What are you talking about? You gave me ideas, found resources, made the PPT, and we did all these tasks on your laptop.

다이 ▶ 됐어, 밥 먹으러 가자. 배고프다.

Enough, let's go eat. I'm hungry.

유키 ▶ 너무 고마우니까 내가 오늘 크게 쏠게. 원래 고마움은 밥으로 표현하는 거래.

I'm so grateful, so I'll treat you big time today. They say gratitude is best expressed with a meal.

다이 ▶ 하하하, 그런 말이 있어? 네가 만든 말이구나?

Hahaha, is that a saying? Or did you just make that up?

아, 그러면 우리 탕수육 먹으러 가자. 오늘 탕수육이 몹시 당기네.

Oh, then let's go have sweet and sour pork. I'm craving sweet and sour pork today.

네가 발표 잘 마친 기념으로 내가 사 주고 싶지만, 네가 원하지 않을 테니까 오늘은 잘 얻어먹을게.

Although I do want to buy it for you to celebrate your successful presentation, I know you won't like that, so I'll gladly accept your treat today.

유키 ▶ 당연하지! 어서 가자.

Of course! Let's go quickly.

talk talk 단어 · 표현

- 당기다: ① 관심이나 마음이 가다, ② 입맛이 생기다, ③ 무엇을 잡아 자기 쪽으로 가까이 오게 하다. 여기서는 ②의 뜻
- 얻어먹다: 남이 공짜로 주거나 사 주는 음식을 먹다.

4

엄마, 정말 고마워요.

문법 check!

- A/V + −다가: ① 어떤 상태나 행동이 끝나고 다른 상태나 행동으로 바뀜을 나타낼 때 쓰는 말, ② 어떤 행동이 이어지는 도중에 다른 행동이 생김을 나타낼 때 쓰는 말, ③ 어떤 일이 다른 일의 이유가 될 때 쓰는 말. 여기서는 ② 의 뜻
- V + −아/어 주다: 다른 사람에게 도움을 줌을 나타낼 때 쓰는 말

talk talk 단어 · 표현

- 눈에 밟히다: 잊히지 않고 자꾸 눈에 떠오르다(생각나다).
- 그냥 하는 말이 아니라: 예의 때문에 하는 말이 아니라 진심으로
- 하루하루: 매일

유빈 ▶ **엄마, 어버이날을 축하해요!**
Mom, happy Parents' Day!

엄마 ▶ **우리 아들, 뭘 이런 걸 다 사 왔어.**
My son, why did you buy all these things?

유빈 ▶ **꽃집에 갔다가 엄마가 좋아하시는 칼라 꽃이 자꾸 눈에 밟혔는데,**
I went to the flower shop and saw the calla lily you like,

오늘은 어버이날이니까 카네이션으로 샀어요.
but since today is Parents' Day, I bought carnations instead.

엄마 ▶ **꽃이 정말 예쁘다. 고마워.**
These flowers are so beautiful. Thank you.

유빈 ▶ **엄마, 저 이렇게 건강하게 낳아 주시고 잘 키워 주셔서 정말 고마워요.**
Mom, thank you so much for giving birth to me and raising me well.

그냥 하는 말이 아니라 엄마 덕분에 이 세상에 태어나서 하루하루 행복하게 살고 있어요.
I'm not just saying this, but thanks to you, I was born into this world and am living happily every day.

엄마 ▶ 엄마도 유빈이가 이렇게 멋있게 커 줘서 고마워. 우리 아들, 이제 다 컸네.

I'm also grateful that you've grown up so wonderfully. My son, you're all grown up now.

유빈 ▶ 하하하, 왜 우세요, 엄마.

Hahaha, why are you crying, mom?

이제 엄마가 좋아하시는 찜닭 먹으러 가요. 맛있는 곳으로 예약해 놨어요.

Let's go eat your favorite jjim dak now. I've made a reservation at a delicious place.

어버이날 선물은 거기서 드릴게요.

I'll give you your Parents' Day gift there.

엄마 ▶ 선물도 있어? 기대되네. 엄마는 무조건 비싼 거 좋아하는 거 알지?

There's a gift too? I can't wait to see it. You know I always likes expensive things, right?

유빈 ▶ 하하하, 그럼요! 기대하셔도 좋아요!

Hahaha, of course! Feel free to look forward to it!

talk talk 단어 · 표현
• 무조건: 아무 조건 없이

PART 06-1

Q1 무슨 내용이었죠? 네모 칸을 채워 볼까요?

> 프엉은 편의점에서 일할 때 사장님이 여러모로 도움이 되는 말과
> ▢ 을/를 해 주어서 많은 힘을 얻었고 편의점에서 쌓은 ▢
> 들이 회사 일을 하는 데 많은 ▢ 이/가 되었다고 생각하여 사장
> 님에게 전화를 걸어 감사의 인사를 전하고 있습니다. 프엉은 사장
> 님이 편의점에 있는 ▢ 8시 이후로 편의점에 한번 방문하기로
> 하였습니다.

Q2 다음 문법 표현에 제시어를 넣어 문장을 만들어 볼까요?

1) A/V + -다니(요)?, N(이)라니(요)?

┌─────────── • 제시어 • ───────────┐
│   도와주다   │
└──────────────────────────────────┘

➡ A: 남편이 집안일을 많이 도와준다면서요?

   B: _____? 남편은 집안일에 손도 안 대요.

2) V + -ㄹ/을 만하다

┌─────────── • 제시어 • ───────────┐
│   배우다   │
└──────────────────────────────────┘

➡ 한국어가 어렵기는 하지만 꽤 _____해요.

정답 ··

Q1 격려, 경험, 도움, 저녁

Q2 1) 도와주다니요
    2) 배울 만

Q1 무슨 내용이었죠? 네모 칸을 채워 볼까요?

제니는 선생님을 만나기 위해 ☐☐(으)로 갔고 선생님은 제니보다 일찍 나와 ☐ 을/를 하며 제니를 기다리고 있었습니다. 제니는 선생님이 도와주어 자신이 한국 생활에 잘 ☐☐ 하고 어려운 일들을 잘 ☐☐ 나갈 수 있었다고 생각하여 선생님에게 ☐☐ 날을 맞아 선물을 드리며 감사의 인사를 전하고 있습니다.

Q2 다음 문법 표현에 제시어를 넣어 문장을 만들어 볼까요?

1) N치고

● 제시어 ●
문제

➡ 이 문제는 초등학교 _____ 아주 어려운 편인데요?

2) V + -(으)면서

● 제시어 ●
먹다

➡ 저는 항상 밥을 _____ 뉴스를 봐요.

정답

Q1 카페, 일, 적응, 헤쳐, 스승의

Q2 1) 문제치고
2) 먹으면서

Q1 무슨 내용이었죠? 네모 칸을 채워 볼까요?

유키는 ____ 을/를 잘 끝내고 다이를 만났습니다. 유키는 자신이 발표를 잘 끝낼 수 있었던 이유가 자신의 발표 준비에 다이가 ____ 도 주고, ____ 도 찾아 주고, PPT도 만들어 주고, ____ 도 빌려주었기 때문이라고 생각하여 다이에게 감사의 인사를 전하였습니다. 유키는 다이에게 고마움을 담아 식사 대접을 하려고 합니다.

Q2 다음 문법 표현에 제시어를 넣어 문장을 만들어 볼까요?

1) V + -(으)려던 참이다

● 제시어 ●
이야기하다

➡ A: 아까 무슨 일 있었어요?

B: 그렇지 않아도 _____ 이었어요.

2) A/V + -ㄹ/을 것이다

● 제시어 ●
참석하다

➡ 수업이 일찍 끝났다면 그 행사에 _____ 거야.

정답
Q1 발표, 아이디어, 자료, 노트북

Q2 1) 이야기하려던 참
2) 참석했을

Q1 무슨 내용이었죠? 네모 칸을 채워 볼까요?

유빈이는 엄마에게 자신을 건강하게 낳아 잘 키워 주셔서 고맙다고 말하며 　　　　 날을 맞아 꽃집에서 산 　　　　 을/를 선물하였습니다. 유빈이는 엄마가 좋아하는 찜닭 식당을 　　 해 놓았고, 그곳에서 엄마에게 어버이날 　　 을/를 드리려고 합니다.

Q2 다음 문법 표현에 제시어를 넣어 문장을 만들어 볼까요?

1) A/V + -다가

```
● 제시어 ●
자다
```

➡ 어젯밤에 잠을 _____ 이상한 꿈을 꿨어.

2) V + -아/어 주다

```
● 제시어 ●
들다
```

➡ 같이 짐을 _____ 줘서 고마워.

정답

Q1 어버이, 카네이션, 예약, 선물

Q2 1) 자다가
2) 들어

고맙습니다 VS 감사합니다

"Thank you."는 한국어로 "고맙습니다."라고 하는 것이 맞을까요? 아니면 "감사합니다."라고 하는 것이 맞을까요? 둘 다 맞습니다. 같은 뜻을 가지고 있는 표현이지요. 전혀 차이가 없는 똑같은 표현이냐고요? 완전히 똑같다고는 할 수 없고요, 느낌의 차이가 있습니다. "고맙습니다."는 친근하고 편안한 느낌을 주고요, "감사합니다."는 '감사(感謝)'라는 한자어가 들어가서 더 예의가 있는 느낌을 줍니다. "고맙습니다."는 "고마워."라는 반말이 있지만 "감사합니다."는 반말이 없지요. "감사해."라는 말은 아주 많이 어색한 표현이니까요. 그래서 나이가 많은 사람에게 고마움을 표현할 때는 "감사합니다."라고 하는 것이 일반적입니다.

메모

PART
07
🔊 MP3 07

요청·제안하기

1 아직은 좀 부담스럽네요.

2 공원을 사용할 수 있을까요?

3 당신은 가고 싶은 곳 있어요?

알아 두면 쓸모 있는 한국 문화

[대한민국 정부에 요청하고 싶은 것이 있어요.]
정부에 원하는 것을 요청하고 싶을 때는 어떻게 해야 할까요? 그럴 때는 국민권익위원회에서 운영하는 홈페이지인 '국민신문고(www.epeople.go.kr)'에 들어가 보세요. 정부의 잘못된 정책이나 기관의 잘못된 업무 처리 등을 신고할 수 있을 뿐 아니라, 새로운 정책을 제안할 수도 있답니다. 또, 국민신문고에 잘못된 것을 신고하는 것을 '민원'이라고 하는데요, 민원을 신청하면 보통 7일 안에 처리되고, 만약 그 민원이 법률과 관련된 것이라면 14일 이내에 처리된답니다. 대한민국 정부는 국민의 의견을 잘 듣기 위해 오늘도 국민을 향해 이렇게 외치고 있습니다. "국민의 작은 소리도 크게 듣겠습니다."

- 지난 13일, 에세이를 출간하신 것 진심으로 축하드립니다.

- 인터뷰를 요청드리고 그 내용을 기사로 냈으면 하는데, 혹시 괜찮으실까요?

- 혹시 '행복 공원'의 장소 일부를 사용할 수 있을까 해서요.

- 아마 이른 아침부터 저녁 늦게까지 사용하게 될 것 같습니다.

- 정확하게 작성한 건지 확인도 할 겸 직접 방문했습니다.

- 이 서류들은 팩스나 메일로 보내 주세요.

- 우리 결혼한 지 10년이나 된 거예요?

- 이번 결혼기념일에는 좀 특별한 걸 해 보는 게 어때요?

아직은 좀 부담스럽네요.

지영 ▶ 여보세요? 주상훈 작가님 핸드폰 맞나요?

Hello? Is this the phone of writer Sanghun Joo?

상훈 ▶ 네, 제가 주상훈입니다.

Yes, this Sanghun Joo.

지영 ▶ 안녕하세요? 저는 시대 출판사 문학지 편집자 서지영입니다.

Hello, I am Jiyeong Seo, the editor of the literary magazine at Sidae Publishing House.

상훈 ▶ 네, 안녕하세요?

Hello, how can I help you?

지영 ▶ 작가님, 먼저 지난 13일, 에세이 '눈을 감으면 들려오는 목소리'를 출간하신 것 진심으로 축하드립니다.

First of all, congratulations on publishing your essay "The Voices that Come When Closing Your Eyes" on the 13th.

상훈 ▶ 감사합니다.

Thank you.

문법 check!
- 지난 [시간]: 가장 가까운 과거 중 특정 시간을 나타낼 때 쓰는 말

talk talk 단어 · 표현
- 에세이: 자유롭게 자신의 느낌이나 경험을 쓴 글
- 출간: 글, 그림 등을 책으로 만들어 세상에 내놓음.

지영 그래서 다름이 아니라, 그 신간과 관련해서 인터뷰를 요청드리고 그 내용을 기사로 냈으면 하는데,

So, the reason I'm calling is because I'd like to request an interview related to your new book and publish an article about it,

혹시 괜찮으실까요?

if that's okay with you?

상훈 제안해 주셔서 정말 감사합니다. 그런데 아직은 좀 부담스럽네요.

Thank you for your offer, but it's a bit overwhelming right now.

독자들 반응을 좀 보고 난 후에 인터뷰를 하면 좋겠습니다.

I'd like to see the reader's reactions first before doing an interview.

지영 그렇군요. 그러면 제가 두 달 정도 후에 다시 여쭤어보아도 괜찮을까요?

I see. Is it okay if I ask again in about two months?

상훈 네, 괜찮습니다. 꼭 연락 주십시오.

Yes, that's fine. Please do contact me.

지영 네, 감사합니다. 그러면 또 연락드리겠습니다.

Alright, thank you. I'll be in touch.

talk talk 단어 · 표현

- 다름이 아니라: 다른 이유가 있는 것이 아니라 (하고 싶은 말은 바로) = 다른 게 아니라, 딴게 아니라

문법 check!

- A/V + −았/었으면 하다: 원하는 것을 나타낼 때 쓰는 말

2

공원을 사용할 수 있을까요?

직원 ▶ 어서 오세요. 어떻게 오셨어요?
Welcome. How can I help you?

직원 ▶ 어서 오세요. 어떻게 오셨어요?
Welcome. How can I help you?

찬호 ▶ 안녕하세요? 저는 '피플 러브 장애인 운동 본부'에서 일하는 김찬호라고 합니다.
Hello, my name is Chanho Kim, and I work at the "People Love Disabled People Movement Headquarters."

직원 ▶ 안녕하세요? 무슨 일로 오셨나요?
Hello, what brings you here?

찬호 ▶ 저희가 7월 24일 토요일에 장애인을 위한 행사를 하려고 하는데요,
We are planning an event for disabled people on Saturday, July 24th,

혹시 '행복 공원'의 장소 일부를 사용할 수 있을까 해서요.
and we were wondering if we could use part of "Happy Park" for the event.

행사 시간은 오전 10시부터 오후 4시까지고요, 아마 이른 아침부터 저녁 늦게까지 사용하게 될 것 같습니다.
The event will be from 10 am to 4 pm, but we will probably use the venue from early morning to late evening.

직원 ▶ 시설 사용 신청서는 보내셨나요?
Have you sent the facility booking form?

talk talk 단어 · 표현

- 장애인: 몸이나 정신에 부족한 점이 있어 생활이 어려운 사람
- 일부: 전체 중에서 한 부분
- 이르다: ① 도착하다, ② 알려 주다, ③ 빠르다. 여기서는 ③의 뜻

문법 check!

- V + -ㄹ/을 수 있을까 (해서): 어떤 것을 할 수 있을지를 조심스럽게 물어볼 때 쓰는 말

찬호 ▶ 작성해서 가지고 왔습니다.

I have brought the completed facility booking form with me.

제가 이런 건 처음 작성해 봐서 정확하게 작성한 건지 확인도 할 겸 직접 방문했습니다.

I visited in person because it's my first time preparing such a form and I wanted to make sure I filled it out correctly.

직원 ▶ 그러셨군요. (작성된 내용을 확인하며) 제대로 작성하셨네요.

I see. (Checking the contents) You filled it out properly.

절차에 필요한 서류는 제가 적어 드릴 테니까 이 서류들은 팩스나 메일로 보내 주세요.

I'll give you a list of the required documents, so please send them by fax or email.

그러면 시설 사용 신청서에 작성해 주신 연락처로 안내해 드릴게요.

We will then contact you at the number provided in the request form.

찬호 ▶ 네, 연락 기다리겠습니다. 감사합니다.

Okay, I'll be waiting for your call. Thank you.

문법 check!

• V1 + -ㄹ/을 겸 (V2 + -ㄹ/을 겸) (해서): 두 가지 이상의 행동을 같이 함을 나타낼 때 쓰는 말

talk talk 단어 · 표현

• 절차: 순서나 방법
• 서류: 글자로 기록한 문서
• 팩스(fax): 글, 그림 사진 등을 전송하는 기계

3

당신은
가고 싶은 곳
있어요?

문법 check!

- N(이)나: ① 만족스럽
  지는 않지만 선택함을
  나타낼 때 쓰는 말,
  ② 생각보다 크거나
  많음을 나타낼 때 쓰는
  말, ③ 둘 이상의 것 중
  하나만 선택됨을 나
  타내는 말. 여기서는
  ②의 뜻
- V + -아/어서라도:
  어떤 일에 많은 노력이
  들더라도 꼭 하겠다는
  의지를 나타낼 때 쓰
  는 말

talk talk 단어 · 표현

- 결혼기념일: 결혼한 날을
  기념하여 축하하는 날

 남편 여보, 올해가 우리 결혼 10주년인 거 알아요?
Honey, did you know this year is our 10th wedding anniversary?

아내 벌써요? 우리 결혼한 지 10년이나 된 거예요?
Already? Has it been 10 years since we got married?

남편 네, 그래서 말인데, 우리 이번 결혼기념일에는 좀 특별한 걸 해 보는 게 어때요?
Yes, so I was thinking, how about we do something special for our anniversary this year?

여행도 좋고, 기념 촬영도 좋고요.
A trip would be nice, or a anniversary photo shoot.

아내 와! 너무 좋죠. 여행, 기념 촬영 둘 다 했으면 좋겠어요.
Wow! That sounds great. I want to do both the trip and the photo shoot.

 남편 그래요. 그러면 좀 무리를 해서라도 둘 다 해 봅시다.
Let's do it. It might be a bit difficult, but let's try to do both.

기념 촬영은 어렵지 않으니까 주말에 시간 내서 하면 되고, 여행은 미리 계획을 세워 두어야겠어요.

We can easily arrange a photo shoot on the weekend, and we should plan the trip in advance.

아내 당신은 가고 싶은 곳 있어요?

Do you have a place you want to go?

남편 나는 신혼여행 때 갔던 필리핀 세부에 다시 가 보는 건 어떨까 싶어요.

I was thinking about going back to Cebu, Philippines, where we went for our honeymoon.

우리 둘만 갔던 곳에 애들도 데리고 온 가족이 가면 의미 있을 거예요.

It would be meaningful to bring the kids along and make it a family trip to the place where we went when it was just the two of us.

아내 나는 같은 데 다시 가기보다는 새로운 곳에 가 보고 싶어요. 세부는 우리 둘만의 추억으로 남겨 두고요.

I'd rather go to a new place instead of going back to the same place. Let's keep Cebu as a memory just for us two.

talk talk 단어 · 표현
• 신혼여행: 결혼식을 막 마친 부부가 함께 가는 여행

남편 좋아요. 그러면 당신이 좋은 곳 좀 찾아볼래요?
Alright. Can you look for a nice place then?

아내 네, 당신은 회사에서 휴가를 언제, 얼마나 받을 수 있는지 알아봐요. 그 일정에 맞춰서 계획 세워 볼게요.
Sure, find out when and for how long you can take a vacation from work. I'll plan according to that schedule.

남편 알겠어요. 알아보고 바로 이야기해 줄게요.
Okay, I'll check and let you know right away.

PART 07-1

Q1 무슨 내용이었죠? 네모 칸을 채워 볼까요?

지영이는 시대 출판사 문학지 편집자입니다. 지영이는 지난 13일
에 [   ] '눈을 감으면 들려오는 목소리'를 [   ] 한 상훈이에
게 인터뷰를 요청하고 그 내용을 [   ](으)로 낼 것을 제안하였습
니다. 상훈이는 독자들의 [   ]을/를 보고 난 후 인터뷰를 하는
것을 원하였고, 지영이는 상훈이에게 두 달 정도 후에 다시 연락하
기로 하였습니다.

Q2 다음 문법 표현에 제시어를 넣어 문장을 만들어 볼까요?

1) 지난 [시간]

● 제시어 ●
월요일

➡ _____, 큰 행사가 열렸다.

2) A/V + -았/었으면 하다

● 제시어 ●
회복되다

➡ 경제 상황이 빨리 _____ 한다.

정답 ....

Q1 에세이, 출간, 기사, 반응

Q2 1) 지난 월요일
2) 회복되었으면

Q1 무슨 내용이었죠? 네모 칸을 채워 볼까요?

> 찬호는 '행복 공원'에서 장애인을 위한 ⬜⬜ 을/를 하기 위해 시설
> 사용 신청서를 ⬜⬜ 해 시청에 갔습니다. 시청 직원은 찬호의 시
> 설 사용 신청서가 잘 작성되었는지 확인한 다음, ⬜⬜ 에 필요한
> 서류는 따로 적어 줄 테니 팩스나 ⬜⬜ (으)로 보내 달라고 하였
> 습니다. 찬호는 시설 사용 신청서에 작성한 연락처로 ⬜⬜ 받을
> 예정입니다.

Q2 다음 문법 표현에 제시어를 넣어 문장을 만들어 볼까요?

1) V + -ㄹ/을 수 있을까 (해서)

> • 제시어 •
> 알다

➡ 여행 일정을 좀 ＿＿＿＿＿＿＿＿＿＿＿＿ 전화했어요.

2) V1 + -ㄹ/을 겸 (V2 + -ㄹ/을 겸) (해서)

> • 제시어 •
> 만나다 / 가다

➡ A: 경주에 간다면서요?

B: 네, 친구도 ＿＿＿＿＿＿ 여행도 ＿＿＿＿＿＿ 해서요.

정답

Q1 행사, 작성, 절차, 메일, 안내

Q2 1) 알 수 있을까 (해서)
2) 만날 겸, 갈 겸

Q1 무슨 내용이었죠? 네모 칸을 채워 볼까요?

남편과 아내는 결혼 10주년의 　　　　　을/를 맞아 가족끼리　　　와/과 기념 촬영을 하며 특별한 시간을 보내려고 합니다. 남편은 여행 갈 장소로　　　　　때 갔던 필리핀 세부에 다시 가 보는 건 어떨지 제안하였지만 아내는　　　　　곳에 가 보고 싶다고 하였습니다. 그래서 아내가 여행 갈 곳을 찾아보기로 하고 남편은 휴가　　　을/를 확인해 아내에게 알려 주기로 하였습니다.

Q2 다음 문법 표현에 제시어를 넣어 문장을 만들어 볼까요?

1) N(이)나

```
────● 제시어 ●────
        100권
```

➡ 그녀는 책을 너무 좋아해서 집에 책이 ＿＿＿＿＿＿＿＿ 있다.

2) V + -아/어서라도

```
────● 제시어 ●────
        혼내다
```

➡ 아이를 ＿＿＿＿＿＿＿＿ 나쁜 버릇을 고치게 해 줘야지요.

정답

Q1 결혼기념일, 여행, 신혼여행, 새로운, 일정　　**Q2** 1) 100권이나
　　　　　　　　　　　　　　　　　　　　　　　　　　　 2) 혼내서라도

그건 좀 어려울 것 같습니다.

'어렵다'라는 말은 영어로 바꾸면 'difficult'입니다. 그런데 한국에서는 '어렵다'라는 말을 'no'의 뜻으로 쓰기도 합니다. 누군가가 제안하거나 요청한 것을 들어 주기 어려울 때 이를 부드럽게 거절하기 위해 사용하는 것인데요, 이때 제안이나 요청을 받는 사람이 "그건 좀 어려울 것 같습니다."라고 말했다면, "어렵지만 제가 한번 노력해 보겠습니다."라는 뜻이 아니라 "안 됩니다."를 부드럽게 표현한 것입니다. 여러분이 한국에서 누군가에게 어떤 것을 요청했을 때 "그건 어려울 것 같습니다."라는 말을 듣는다면 'difficult'가 아니라 'no'라고 이해하고 대화를 이어 나가세요.

이따가 VS 나중에

'이따가'와 '나중에'는 '시간이 조금 지난 뒤에'라는 뜻의 부사입니다. 이 두 단어의 뜻은 완전히 같을까요? 아니요, 절대 그렇지 않습니다. 이 두 단어의 차이를 정확하게 설명할 수 있는 한국 사람은 많지 않지만, 거의 모든 한국 사람들이 이 두 단어를 정확하게 구분해서 사용한답니다. 참 신기하죠? '이따가'와 '나중에'를 쉽게 구분하는 방법은 지금을 기준으로 같은 날인지 다른 날인지를 생각하면 됩니다. 만약 상대방에게 "이따가 보자."라고 한다면 그 상대방을 오늘 안에 다시 만나게 될 것입니다. 그런데 "나중에 보자."라고 한다면 오늘은 만나기 어려울 것입니다. 다른 일을 모두 끝낸 후에 만나거나 오늘이 아닌 다른 날에 만나자는 뜻이니까요. 다시 한번 정리해 볼게요. '이따가'는 오늘 안에, '나중에'는 내일 이후에!

메모

08

🎧 MP3 08

사과하기

1 예의 없게 굴었던 것 죄송합니다.

2 불편을 드려 죄송합니다.

3 그게 내 잘못이야.

알아 두면 쓸모 있는 한국 문화

['깜빡깜빡', 미안합니다! '깜빡깜빡', 고맙습니다!]

상대방에게 피해를 줬거나 상대방의 기분을 상하게 했다면 말과 행동으로 사과를 해야 합니다. 너무 당연한 말이지요. 그런데 운전을 할 때 다른 차에 타고 있는 사람에게 사과를 하고 싶으면 어떻게 해야 할까요? 차에서 내려서 말로 미안함을 전하기는 어렵지요. 한국에서는 그럴 때 비상 등을 사용합니다. 비상등을 사용하는 방법은 차의 방향 지시등 두 개를 동시에 켜는 것인데요, 이 때 불이 켜졌다 꺼졌다 하는 모습 때문에 '깜빡이를 켜다.'라고도 말합니다. 한국에서는 뒤의 운전 자에게 내가 앞에서 본 위험 상황을 미리 알려 주거나 내 차에 비상 상황이 생겼을 때 내 차의 위 치를 알려 주기 위해서도 비상등을 사용하지만 '고맙다' 또는 '미안하다'의 뜻으로 비상등을 사용 하기도 합니다. 비상등은 운전자의 눈에 잘 띄기도 하고 한국의 운전자라면 다 알고 있는 표현법 이니까요. 여러분도 한국에서 운전을 하게 되면 미안하거나 고마운 마음을 전하고 싶을 때 비상 등을 사용해 보세요.

- 제가 입이 열 개라도 드릴 말씀이 없습니다.

- 그런 행동을 한 데에는 분명히 그럴 만한 이유가 있겠다 싶었어요.

- 저도 모르게 언성을 높였습니다.

- 배송이 지연되었다는 말씀이신가요?

- 저는 분명히 흰색을 주문했는데 민트색으로 왔더라고요.

- 잘못 배송된 선풍기는 교환해 드리겠습니다.

- 아무리 바쁘더라도 카톡을 보내거나 전화를 할 수 있으니까.

- 그걸 알면서 왜 연락 한번을 안 한 거야?

예의 없게
굴었던 것
죄송합니다.

talk talk 단어 · 표현
* 입이 열 개라도 할 말
  이 없다: 잘못이 너무 분
  명해서 변명할 수 없다.

문법 check!
* A/V + –겠다 싶다:
  어떤 상태나 행동을 추
  측할 때 쓰는 말

유토 ▶ 부장님, 아까 예의 없게 굴었던 것 정말
죄송합니다. 용서해 주십시오.

I'm really sorry for my rude behavior earlier. Please forgive me.

부장 ▶ 아니에요. 이렇게 먼저 찾아와 줘서
고마워요. 그런데 왜 그랬던 거예요?

It's okay. Thank you for coming to apologize first. But why did you act like that?

유토 ▶ 정말 죄송합니다. 제가 입이 열 개라도 드릴
말씀이 없습니다.

I'm really sorry. I have no excuse for my behavior.

부장 ▶ 아니, 그게 아니라⋯ 내가 이유를 좀 듣고
싶어서 그래요.

No, it's not that⋯ I just wanted to hear the reason.

아까는 평소와 너무 다른 유토 대리의 모습에
조금 놀랐는데,

I was surprised by your unusual behavior earlier,

유토 대리가 그런 행동을 한 데에는 분명히
그럴 만한 이유가 있겠다 싶었어요.

and I thought there must be a good reason for it.

유토 그렇게 말씀해 주셔서 감사합니다. 제 행동에 대한 변명을 하자면, 그 프로젝트는 제가 오랫동안 준비한 것이었습니다.

Thank you for saying that. If I were to explain my behavior, the project was something I had been preparing for a long time.

그런데 생각지 못한 방향으로 갑작스럽게 프로젝트를 바꾸어야 한다고 하니 저도 모르게 언성을 높였습니다.

But when I was suddenly told to change the direction of the project unexpectedly, I raised my voice without even being aware of it.

프로젝트의 방향을 바꾼 이유나 상황을 제대로 살펴봤어야 했는데,

I should have looked into the situation or reason behind changing the direction of the project,

제가 아직 많이 부족해서 바르지 못한 방법으로 속상한 마음부터 표현했습니다. 죄송합니다.

but I was immature and expressed my frustration in an improper manner. I'm sorry.

부장 그랬군요. 그래도 이렇게 용기 내서 사과해 줘서 고마워요.

I see. Still, thank you for coming up with the courage to apologize.

유토 대리가 준비하던 그 프로젝트의 방향에 대해서는 좀 더 차근차근 이야기해 봅시다.

Let's discuss the direction of the project you were preparing more carefully.

talk talk 단어 · 표현
- 변명: 자신의 잘못이나 실수에 대해 그 이유를 말함.
- 언성을 높이다: 목소리를 크게 내다. ≒화를 내다.

문법 check!
- A/V + -았/었어야 했다: 과거에 하지 못한 일에 대해 아쉬움을 나타낼 때 쓰는 말

유토 ▶ 네? 정말요?

Really?

부장 ▶ 네, 아까 유토 대리가 흥분한 상태이기는 했지만 이야기한 것들 중에 틀린 이야기는 없었어요.

Yes, although you were upset earlier, there was nothing wrong with what you said.

하지만 검토가 필요한 부분이 있으니까 같이 살펴봅시다.

But there are areas that need reviewing, so let's look into them together.

유토 ▶ 정말 고맙습니다, 부장님.

Thank you so much, Director.

talk talk **단어 · 표현**

• 검토: 내용을 자세히 봄.

상담원 ▶ 안녕하세요? LJ 유통 고객 센터입니다.
고객님, 무엇을 도와드릴까요?

Hello? This is the LJ Distribution Customer
Center. How can I help you?

프엉 ▶ 아, 안녕하세요? 제가 선풍기를 하나
주문했는데요, 제품이 너무 늦게 왔고 또
잘못 왔어요.

Oh, hello? I ordered a fan, but it arrived very
late and it was the wrong one.

상담원 ▶ 배송이 지연되었다는 말씀이신가요?

Are you saying the delivery was delayed?

프엉 ▶ 네, 아주 많이 늦게 왔어요. 초여름에
주문했는데 한여름에 도착했거든요.

Yes, it arrived very late. I ordered it in early
summer, but it arrived in midsummer.

상담원 ▶ 그러셨군요. 많이 불편하셨겠네요. 정말
죄송합니다.

I see. We would like to apologize for the
inconvenience.

말씀하신 상품을 확인해 보겠습니다. 잠시만
기다려 주시겠습니까?

I'll check the product for you. Could you
please wait a moment?

프엉 ▶ 네, 알겠습니다.

Okay.

2

불편을 드려
죄송합니다.

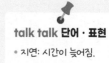

talk talk 단어 · 표현
- 지연: 시간이 늦어짐.

상담원 ▶ (고객 정보와 주문 상품 확인 후) 고객님,
기다려 주셔서 감사합니다.

(After checking customer information and
Ordered product) Thank you for waiting.

제가 확인해 보니, 주문은 지난 6월 12일에
하셨고, 배송은 7월 17일, 어제 저녁에
도착했네요. 맞으신가요?

I've checked, and your order was placed on
June 12, and the delivery arrived on July 17,
last night. Is that correct?

프엉 ▶ 네, 주문 날짜는 그때쯤인 것 같고, 어젯밤에
도착한 것도 맞아요.

Yes, the order date seems about right, and
it did arrive last night.

상담원 ▶ 고객님, 한 달 이상을 기다리셨네요. 정말
죄송합니다.

You've been waiting for over a month. I'm
really sorry.

배송이 많이 밀리기도 했지만, 보통은
밀리더라도 한 달 이상은 걸리지 않는데,
뭔가 문제가 있었나 봅니다.

Deliveries have been delayed a lot, but
usually they don't take more than a month,
there must have been some problem.

문법 check!

• A/V + -더라고(요):
과거에 경험하거나
알게 되거나 느낀 것을
말할 때 쓰는 말

프엉 ▶ 그리고 저는 분명히 흰색을 주문했는데
민트색으로 왔더라고요.

And I'm pretty sure I ordered a white one,
but it came in mint color.

상담원 아, 그러셨군요. 불편을 드려서 정말
죄송합니다, 고객님. 먼저, 잘못 배송된
선풍기는 교환해 드리겠습니다.

Oh, I see. I'm really sorry for the
inconvenience. First, we'll exchange the
fan we delivered incorrectly.

그리고 고객님의 속상한 마음을 보상해
드리기에는 아주 작은 것이지만,

And although it's isn't much to compensate
for your frustration,

저희가 죄송한 마음을 담아서 삼만 원권
쿠폰을 함께 보내 드리겠습니다.

we'll send a 30,000 won coupon with your
package to express our apologies.

푸엉 네, 감사합니다.

Yes, thank you.

talk talk 단어 · 표현

• 교환: 다른 것으로 바꿈.

• 보상: ① 남에게 받은
물건을 갚음, ② 남에
게 끼친 손해를 갚음.
여기서는 ②의 뜻

문법 check!

• A/V + -기에(는): 뒤
의 내용의 근거를 나타
낼 때 쓰는 말

3

그게 내
잘못이야.

상훈 수지야, 정말 미안해. 내가 잘못했어.
Susie, I'm really sorry. I messed up.

수지 됐어, 미안하다는 말도 하지 마.
Forget it, don't even say sorry.

상훈 미안해. 한 번만 봐 줘.
I'm sorry. Please give me one more chance.

수지 도대체 뭐가 미안한데? 뭘 잘못했는지는
알고 사과하는 거야?
What exactly are you sorry for? Do you
even know what you did wrong?

상훈 그럼, 당연히 알지.
Of course, I know.

수지 뭘 잘못했는데?
So what did you do wrong?

talk talk 단어 · 표현
● 퇴근: 직장에서 일을 끝
내고 집으로 돌아가거
나 돌아옴.

상훈 내가 어제 퇴근하고 친구들이랑 술을 마시러
갔었지.
Yesterday, after work, I went out to drink
with my friends.

수지 그게 전부야?
Is that all?

상훈 ▶ 아니, 내가 친구들을 만난 후로 너에게 연락을 하지 않았잖아. 그게 진짜 내 잘못이야.

No, I stopped contacting you after I met my friends. That's really my fault.

아무리 바쁘더라도 잠깐 화장실에 가면서 카톡을 보내거나 전화를 할 수 있으니까.

Even if I was busy, I could've sent a KakaoTalk or called you when I went to the restroom.

그래서 사과하는 거야. 미안해.

Which is why I'm apologizing. I'm sorry.

수지 ▶ 어휴, 진짜 말이나 못하면….

Ugh, if only you didn't have a way with your words….

상훈 ▶ 나는 늘 네 생각뿐이야. 용서해 줘.

All I think about is you. Please forgive me.

수지 ▶ 알았어. 그런데 그걸 알면서 왜 연락 한번을 안 한 거야? 어떤 중요한 이야기가 있었어?

Okay. But if you knew that, why didn't you contact me at all? Was there an important story?

상훈 ▶ 아, 그게 흥미진진한 이야기가 있었는데, 태섭이 여자 친구 알지?

Oh, there was an interesting story, you know Taeseop's girlfriend, right?

문법 check!

- A/V + -더라도: 앞의 상태나 행동이 뒤의 일을 어렵게 하지만 뒤의 일에 영향을 끼치지 않음을 나타낼 때 쓰는 말
- A/V + -(으)면서(도): 앞의 내용으로 추측할 수 있는 것과 다른 내용이 뒤에 나올 때 쓰는 말

talk talk 단어 · 표현

- 용서: 잘못에 대해 벌을 주지 않고 덮어 줌.
- 흥미진진하다: 흥미(재미)가 매우 많다.

이제 두 사람의 결혼식이 두 달 정도
남았는데 걔가….

There are only about two months left until
their wedding, but she….

수지 ▶ 응, 걔가 왜?

Yeah, what about her?

PART 08-1

Q1 무슨 내용이었죠? 네모 칸을 채워 볼까요?

유토는 부장님에게 　　 없게 굴었던 것에 대해 　　 하고 있습
니다. 부장님은 유토가 　　 와/과 다르게 　　 을/를 높인 이유
를 물어 보았고, 유토는 오랫동안 　　 한 프로젝트가 생각하지
못한 방향으로 갑작스럽게 바뀐다고 하니 자신도 모르게 언성이
높아졌다고 설명하였습니다. 부장님은 유토가 　　 내서 사과해
준 것에 대해 고마워하며 프로젝트를 함께 살펴보자고 하였습니다.

Q2 다음 문법 표현에 제시어를 넣어 문장을 만들어 볼까요?

1) A/V + -겠다 싶다

● 제시어 ●
돌아오다

➡ 열쇠를 두고 가서 다시 ＿＿＿＿＿＿＿＿＿＿ 싶었어요.

2) A/V + -았/었어야 했다

● 제시어 ●
시작하다

➡ 우승하려면 연습을 좀 더 일찍 ＿＿＿＿＿＿＿＿＿＿ 했다.

정답 ⋯⋯⋯
Q1 예의, 사과, 평소, 언성, 준비, 용기 　　　**Q2** 1) 돌아오겠다
　　　　　　　　　　　　　　　　　　　　　　 2) 시작했어야

Q1 무슨 내용이었죠? 네모 칸을 채워 볼까요?

> LJ 유통 고객 센터의 상담원은 프엉이 □□ 한 선풍기가 한 달 이상 배송이 □□ 되었고 주문했던 □□ 선풍기가 아닌 민트색 선풍기로 잘못 배송된 것에 대해 사과하고 있습니다. 상담원은 프엉의 고객 정보와 주문 상품을 확인한 후 프엉에게 잘못 배송된 선풍기를 □□ 해 주고, 삼만 원권 □□ 을/를 함께 보내 주기로 하였습니다.

Q2 다음 문법 표현에 제시어를 넣어 문장을 만들어 볼까요?

1) A/V + -더라고(요)

┌─────────── ● 제시어 ● ───────────┐
│   따뜻하다   │
└──────────────────────────────────┘

➡ A: 말레이시아에 다녀왔다면서요?

B: 네, 거기는 겨울에도 _____.

2) A/V + -기에(는)

┌─────────── ● 제시어 ● ───────────┐
│   활동하다   │
└──────────────────────────────────┘

➡ 그는 선수로 _____ 키가 너무 작다.

정답

Q1 주문, 지연, 흰색, 교환, 쿠폰

Q2 1) 따뜻하더라고요
2) 활동하기에(는)

Q1 무슨 내용이었죠? 네모 칸을 채워 볼까요?

상훈이는 여자 친구인 수지에게 어제 ▢ 을/를 하고 친구들을 만난 후 연락이 되지 않았던 것에 대해 사과하고 있습니다. 상훈이는 수지에게 ▢▢▢ 잠깐 시간을 내 ▢ 을/를 할 수 있는데 그러지 않은 것이 ▢ (이)라고 생각해 반성하고 있으며, 친구들과 ▢▢▢ 한 이야기를 하다가 연락을 하지 못 한 것이라고 설명하였습니다.

Q2 다음 문법 표현에 제시어를 넣어 문장을 만들어 볼까요?

1) A/V + -더라도

● 제시어 ●
힘들다

➡ 아무리 _____ 포기하지 마.

2) A/V + -(으)면서(도)

● 제시어 ●
기쁘다

➡ 그는 _____ 아닌 척을 했다.

정답
Q1 퇴근, 바쁘더라도, 연락, 잘못, 흥미진진   **Q2** 1) 힘들더라도
　　　　　　　　　　　　　　　　　　　　　　　 2) 기쁘면서(도)

미안합니다 VS 죄송합니다

PART 06의 '말랑말랑 찰떡Tip!'에서 이야기한 "고맙습니다."와 "감사합니다."의 차이점을 기억하시나요? "I'm sorry."도 한국어로 "미안합니다.", "죄송합니다."라는 두 가지 표현 모두 쓸 수 있지만 느낌의 차이가 있습니다. 이번에는 이 두 표현이 국어사전에 어떻게 설명되어 있는지 알아볼까요? '미안하다'는 '남에게 대하여 마음이 편치 못하고 부끄럽다.'라고 설명되어 있는데요, 쉽게 풀어 보면, 잘못을 해서 상대방을 보기가 불편하고 부끄럽다는 뜻입니다. '죄송하다'는 '죄스러울 정도로 미안하다.'라고 설명되어 있는데요, 이것도 쉽게 풀어 보면, 벌을 받을 만한 잘못을 한 것처럼 무섭고 마음이 불편하다는 뜻입니다. 그러니까 '미안하다'보다 '죄송하다'가 'sorry'의 느낌을 더 크게 가지고 있다고 볼 수 있지요. 또, "미안합니다."는 반말로 "미안해.", "미안."이라고도 사용하지만, "죄송합니다."는 "죄송해."라며 반말로 사용할 수 없습니다. 그래서 나이가 많은 사람에게 미안함을 표현할 때는 "죄송합니다."라고 하는 것이 좋습니다.

 한여름, 한겨울은 있는데….

어떤 계절이 막 시작되면 계절 이름 앞에 '처음'이라는 뜻이 있는 '초(初)'를 붙입니다. 겨울이 지나 봄이 막 시작되면 '초봄', 봄에서 여름으로 넘어갈 즈음에는 '초여름', 여름이 가고 가을이 오면 '초가을', 가을도 지나 겨울이 시작되면 '초겨울'이라고 부르지요. 반대로 어떤 계절이 끝나가는 시기에는 '늦다'라는 뜻이 있는 '늦-'을 붙여서 '늦봄', '늦여름', '늦가을', '늦겨울'이라고 부릅니다. 또 어떤 계절이 한창일 때는 '어떤 일이 가장 활발하게 일어나거나 어떤 상태가 가장 무르익은 때'라는 뜻이 있는 '한-'을 붙여서 '한여름', '한겨울'이라고 부르는데요. 왜 '한봄', '한가을'이라고는 부르지 않을까요? 한국에서 봄과 가을은 날씨도 적당하고 짧게 왔다가 지나가는 계절이에요. 너무 덥거나 추운 시기가 오는 여름과 겨울과는 다르게 계절을 느낄 새가 적지요. 그래서 '한봄', '한가을'이라고는 쓰지 않는답니다.

메모

주제 대화 편

PART

09

MP3 09

매체

1 유튜브에서 많은 지식을 얻어요.

2 OTT는 가성비 갑이죠.

3 집 떠나면 고생이에요.

알아 두면 쓸모 있는 한국 문화

[한국 드라마가 달라졌어요.]

10년 전에는 외국인 학생들에게 이런 질문을 많이 받았습니다. "선생님, 한국 드라마는 왜 다 사랑 이야기만 있어요? 장소와 시대, 상황만 바뀌고 모두 남자와 여자가 연애하는 이야기더라고요." 맞습니다. 10년 전까지는 한국 드라마의 90%가 남녀 간의 사랑 이야기였지요. 하지만 요즘은 다양한 내용의 드라마가 나오고 있어요. 10년 전에는 드라마 제작비가 충분하지 않아서 방송국에서는 성공 확률이 가장 큰, 남녀 사이의 사랑을 다룬 드라마를 많이 만들었는데요, 지금은 넷플릭스, 왓챠, 디즈니+ 등의 OTT(Over The Top)에서 충분한 제작비를 투자해 드라마를 만들기 때문에 우리는 다양한 내용의 드라마를 각자의 취향에 맞게 골라 볼 수 있게 된 것이지요. 이렇게 멋진 시대를 살아가는 여러분, OTT를 통해 다양하고 재밌는 한국 드라마를 마음껏 즐기세요.

- 저는 유튜브에서 지식을 많이 얻는 편이거든요.

- 깊은 지식을 얻는 데는 한계가 있다고 생각해요.

- 영상은 아주 쉽게 접근할 수 있고 꽤 많은 지식을 얻을 수 있어요.

- 거대한 화면과 빵빵한 사운드로 영화를 감상할 수도 있고요.

- 가성비 갑이죠.

- 굳이 불편한 영화관에서 돈 쓸 필요가 없다고 생각해요.

- 저는 따뜻한 이불 속에서 드라마 정주행할 거예요.

- 드라마에 빠져들 수밖에 없다니까요.

1

유튜브에서 많은 지식을 얻어요.

프엉 ▶ 마이클 씨는 유튜브 많이 봐요?

Michael, do you watch a lot of YouTube?

마이클 ▶ 그럼요. 유튜브에는 볼 만한 영상이 정말 많잖아요.

Of course. There are so many interesting videos on YouTube.

프엉 ▶ 그렇군요. 저도 이전에는 유튜브를 많이 봤었는데 요즘은 그런 영상을 보는 시간이 아깝다는 생각이 들어요.

I see. I used to watch YouTube a lot, but lately, I feel like it's a waste of time watching those videos.

마이클 ▶ 그래요? 쇼츠, 릴스, 틱톡 같은 흥미 위주의 영상도 많지만 지식이 담겨 있는 영상도 많아요.

Really? There are many videos focused on entertainment, like Shorts, Reels, and TikTok, but there are also many educational videos.

저는 유튜브에서 지식을 많이 얻는 편이거든요.

I tend to learn a lot from YouTube.

프엉 ▶ 저는 유튜브를 통해서 얕은 지식은 충분히 얻을 수 있지만, 깊은 지식을 얻는 데는 한계가 있다고 생각해요.

I think you can gain superficial knowledge through YouTube, but there's a limit to acquiring in-depth knowledge.

문법 check!

• A/V + -ㄴ/은/는 편이다: 어느 쪽에 가까움을 나타낼 때 쓰는 말

talk talk 단어 · 표현

• 한계: 어떤 것이 실제로 일어나거나 영향을 미칠 수 있는 범위의 끝

마이클 하지만 글을 읽는 데 필요한 노력에 비해서, 영상은 아주 쉽게 접근할 수 있고 꽤 많은 지식을 얻을 수 있어요.

Reading text requires a lot of effort, while videos can be easily accessed with less effort and provide a lot of information.

talk talk 단어 · 표현
* 접근: 가까이 다가감.

프엉 네, 그건 사실이에요. 그렇지만 영상은 머릿속에서 정보를 정리할 새를 주지 않고 다음 장면으로 넘어가 버려요.

Yes, that's true. But videos don't give you the time to organize the information in your head, they just move on to the next scene.

그래서 깊은 지식을 얻기 어려워요.

That's why it's hard to gain in-depth knowledge.

마이클 아, 그건 그렇겠네요. 책을 보는 것이 귀찮아서 영상을 보는 사람이 보던 영상을 잠깐 멈추고 생각을 정리할 리 없으니까요.

Ah, I see. People who watch videos because reading a book is too bothersome wouldn't pause the video to organize their thoughts.

문법 check!
* A/V + −ㄹ/을 리(가) 없다: 어떤 일이 일어날 가능성이 전혀 없음을 나타낼 때 쓰는 말

2

OTT는 가성비 갑이죠.

마이클 유나 씨, 이번 주말에 영화 보러 갈래요?
Yuna, do you want to go watch a movie this weekend?

유나 아니요, 저는 영화는 집에서 보는 게 더 좋아요.
No, I prefer watching movies at home.

마이클 그래요? 저는 조금 어둡고 팝콘 냄새가 나는 영화관의 분위기를 좋아해요.
Really? I like the atmosphere of a slightly dark movie theater with the smell of popcorn.

거대한 화면과 빵빵한 사운드로 영화를 감상할 수도 있고요.
Plus, you can enjoy the movie with a huge screen and powerful audio.

유나 저는 영화를 볼 때 주변에 사람이 많으면 신경이 쓰여요.
When I watch a movie, I get nervous when there are many people around.

그래서 OTT로 혼자서 영화나 드라마를 보는 것을 좋아해요.
So I prefer watching movies or dramas alone using OTT services.

talk talk 단어 · 표현

- 빵빵하다: ① 속이 가득 차 있다, ② 속이 꽉 차서 크고 탄력이 있다, ③ 배경과 힘이 있어 영향력이 크다. 여기서는 ③의 뜻
- OTT(Over The Top): 원하는 방송을 보고 싶을 때 다양한 매체로 볼 수 있게 해 주는 서비스

문법 check!

- A/V + -고(요): 말을 끝낸 후 앞의 내용과 관련된 내용이 뒤에 한 가지 더 나올 때 쓰는 말

영화나 드라마를 제가 보고 싶을 때 볼 수 있고, 놓친 장면이나 다시 보고 싶은 장면은 바로 돌려 볼 수도 있고요.

I can watch movies or dramas whenever I want, and I can easily rewind to rewatch scenes I missed or want to see again.

마이클 ▶ 맞아요. OTT에는 그런 장점이 있죠.

That's true. OTT services have those advantages.

게다가 영화와 드라마의 종류도 엄청 많고,

Plus, there are so many types of movies and dramas,

월정액 만 원 정도에 그 많은 영화와 드라마를 모두 볼 수 있으니, 가성비 갑이죠.

and for a monthly fee of around 10,000 won, you can watch all of them, so it's a great deal.

talk talk 단어 · 표현
- 가성비: 가격 대비 성능의 비율
- 갑(甲): (차례나 등급이) 첫 번째
- 굳이: (부정적인 뜻으로) 일부러

유나 ▶ 그래서 데이트가 아니라면 굳이 불편한 영화관에서 돈 쓸 필요가 없다고 생각해요.

That's why I don't think it's necessary to spend money at an uncomfortable movie theater unless it's a date.

마이클 ▶ 그렇군요. 음…. 그러면 다시 물어볼게요.

I see. Um…. Let me try asking again.

• V + −ㄹ/을래(요)?:
앞으로 할 일에 대해
상대방의 의견을 물어
볼 때 쓰는 말

유나 씨, 이번 주말에 데이트할래요? 영화도
보고 밥도 먹고 커피도 마시고요.

Yuna, do you want to go on a date this
weekend? We can watch a movie, eat, and
have coffee.

유나 **아, 뭐예요? 너무 좋아요!**

Oh, really? That sounds great!

3

집 떠나면
고생이에요.

히에우 ▶ 수지 씨, 다음 주 휴가죠?

Susie, you have a vacation next week, right?

수지 ▶ 네, 손꼽아 기다리던 그날이 왔어요.

Yes, the day I've been eagerly waiting for
has come.

히에우 ▶ 하하하, 휴가 때 뭐해요? 여행 가나요?

Hahaha, what are you doing on your
vacation? Are you traveling?

수지 ▶ 아니요. 집 떠나면 고생이에요. 저는 따뜻한
이불 속에서 드라마 정주행할 거예요. 히에우
씨도 드라마 좋아해요?

No, leaving home is a hassle. I'm going to
binge-watch dramas in my warm blanket.
Do you like dramas too, Hieu?

히에우 ▶ 네, 엄청 좋아하죠. 요즘 드라마는 현실의
모습이 너무 잘 반영되어 있어서 정말
재미있어요.

Yes, I really like them. These days, dramas
reflect reality so well, it's really interesting.

수지 ▶ 공감해요. 직장 생활을 그린 드라마는 진짜
직장의 모습을 그대로 옮겨 놓은 것 같고,

I agree. Workplace dramas seem to be a
direct representation of real workplaces,

talk talk 단어 · 표현

- 휴가: 쉬는 것 또는 쉬는
  기간
- 정주행하다: 드라마,
  영화, 책 등의 시리즈
  물을 차례대로 처음부
  터 끝까지 보다.
- 그리다: ① 연필이나
  붓 등으로 사물을 선이
  나 색으로 나타내다,
  ② 생각이나 감정, 현
  상 등을 글이나 음악 등
  으로 나타내다, ③ 마
  음속에 떠올리거나 상
  상하다. 여기서는 ②
  의 뜻

학교생활을 그린 드라마는 학생들이 쓰는
말투를 똑같이 쓰더라고요.
and school dramas use the same language
that students use.

문법 check!

• A/V + −ㄹ/을 수밖에
없다: 어떤 상태가 당
연하다는 것을 강조할
때 쓰는 말

히에우 ▶ 맞아요. 그래서 드라마에 빠져들 수밖에
없다니까요.
That's right. That's why it's so easy to get
immersed in them.

예전에는 다 사랑 이야기뿐이었는데 요즘은
다양한 주제의 이야기들을 다뤄서 좋아요.
In the past, they were all about love stories,
but now they deal with various topics,
which is great.

수지 ▶ OTT 덕분이죠, 뭐. OTT가 생기면서
영화나 드라마의 종류가 다양해졌어요.
It's thanks to OTT platforms. They've
diversified the genres of movies and
dramas.

히에우 ▶ 아무튼 저는 수지 씨가 너무 부러워요.
Anyway, I'm so envious of you, Susie.

수지 ▶ 하하하, 그리고 캔맥주! 드라마를 보면서
캔맥주를 마시면 정말 행복하겠죠.
Hahaha, and canned beer! Watching dramas
while drinking canned beer would be so
blissful.

히에우 진짜 좋겠다! 휴가 기간 동안 즐거운 시간 보내고, 다다음 주에 더 즐거운 회사로 돌아오세요.

That sounds amazing! Have a great time during your vacation, and come back to an even more enjoyable workplace the week after next.

수지 그런 끔찍한 소리 하지 말아요. 지금은 회사로 돌아올 생각은 잊고 싶어요.

Don't say such terrible things. I want to forget about going back to work right now.

문법 check!
• A + -겠다: 다른 사
  람의 감정을 추측할
  때 쓰는 말

PART 09-1

Q1 무슨 내용이었죠? 네모 칸을 채워 볼까요?

프엉과 마이클은 유튜브 ⬜ 에 대해 이야기하고 있습니다. 마이클은 유튜브에는 ⬜ 만한 영상이 정말 많다고 생각합니다. 그리고 유튜브에서 ⬜ 을/를 많이 얻는 편입니다. 하지만 프엉은 유튜브 영상을 보는 시간이 아깝고, 유튜브에서는 깊이 있는 지식을 얻는 데 ⬜ 이/가 있다고 생각합니다.

Q2 다음 문법 표현에 제시어를 넣어 문장을 만들어 볼까요?

1) A/V + -ㄴ/은/는 편이다

• 제시어 •
보내다

➡ 주말은 주로 혼자 시간을 _____ 이다.

2) A/V + -ㄹ/을 리(가) 없다

• 제시어 •
거짓말하다

➡ 그렇게 정직한 사람이 _____ 없다.

정답

Q1 영상, 볼, 지식, 한계

Q2 1) 보내는 편
2) 거짓말할 리(가)

Q1 무슨 내용이었죠? 네모 칸을 채워 볼까요?

마이클과 유나는 영화관과 OTT에 대해 이야기하고 있습니다. 마이클은 영화관의 ⬜⬜⬜ 을/를 좋아하고, 거대한 화면과 빵빵한 사운드로 영화를 ⬜⬜ 할 수 있어서 ⬜⬜⬜ 에서 영화를 보는 것을 좋아합니다. 하지만 유나는 영화나 드라마를 보고 싶을 때 볼 수 있고 놓쳤거나 다시 보고 싶은 장면을 바로 ⬜⬜ 볼 수 있는 OTT로 혼자서 보는 것을 좋아합니다. 마이클과 유나는 모두 OTT의 ⬜⬜⬜ 이/가 좋다고 생각합니다.

Q2 다음 문법 표현에 제시어를 넣어 문장을 만들어 볼까요?

1) A/V + -고(요)

───● 제시어 ●───
싼 편이다

➡ 그 헬스장은 시설이 좋아요. 가격도 _____ .

2) V + -ㄹ/을래(요)?

───● 제시어 ●───
놀러 가다

➡ 요즘 날씨가 정말 좋아요. 내일 같이 _____ ?

정답 ··
Q1 분위기, 감상, 영화관, 돌려, 가성비

Q2 1) 싼 편이고요
2) 놀러 갈래요

Q1 무슨 내용이었죠? 네모 칸을 채워 볼까요?

히에우와 수지는 OTT 영화와 드라마의 종류에 대해 이야기를 나누고 있습니다. 수지는 휴가 때 집에서 □□□을/를 마시면서 드라마를 □□□ 할 예정입니다. 그리고 히에우는 그런 수지를 부러워합니다. 히에우와 수지는 요즘의 드라마에 □□의 모습이 잘 □□되어 있고 주제가 □□해져서 예전의 드라마보다 요즘의 드라마가 더 재밌다고 생각합니다.

Q2 다음 문법 표현에 제시어를 넣어 문장을 만들어 볼까요?

1) A/V + -ㄹ/을 수밖에 없다

● 제시어 ●
많다

➡ 그 식당은 손님이 _____ 없다.

2) A + -겠다

● 제시어 ●
힘들다

➡ 낮에는 공부, 밤에는 알바라니 정말 _____어요.

정답

Q1 캔맥주, 정주행, 현실, 반영, 다양

Q2 1) 많을 수밖에 없
2) 힘들겠

말랑말랑 찰떡TIP!

'가성비'와 '가심비'

모든 언어가 그렇듯, 한국어에도 신조어(새로 생겨난 말)가 계속 나옵니다. 잠깐 쓰이다가 사라지기도 하고 꽤 오랫동안 쓰이기도 하지요. 다양한 신조어 중에서 한국에서 오랫동안 쓰이는 신조어는 한국어를 공부하는 여러분도 함께 알아 두는 것이 좋습니다. 그중에서도 '가성비'라는 말을 여러분에게 소개하려고 합니다. '가성비'란 '가격 대비 성능의 비율'을 말하는데요, 풀어서 설명하면, '돈을 내고 어떤 물건을 사거나 서비스(service)를 받을 때, 돈을 낸 것보다 사용할 수 있는 기능이나 얻을 수 있는 이익이 얼마나 더 많은지에 대한 정도'라고 할 수 있습니다. 그러면 '가심비'는 무엇일까요? 가격 대비 심리적 만족감의 비율? 네, 맞습니다. 그러니까 이것도 풀어서 설명하면, '돈을 내고 어떤 물건을 사거나 서비스를 받을 때, 돈을 낸 것보다 얼마나 만족스러운지에 대한 정도'라고 할 수 있겠지요. 여러분은 돈을 내고 어떤 물건을 사거나 서비스를 받을 때, 기능이나 이익이 더 중요한가요, 아니면 만족스러운 기분이 더 중요한가요? 다시 말해서 여러분은 가성비, 가심비 둘 중에서 어느 게 더 중요해요?

메모

PART
10

🔊 MP3 10

음악

1️⃣ 제 아내는 BTS에 입덕했어요.

2️⃣ 아들도 저도 놀랐어요.

3️⃣ 애국가를 한번 들어 보세요.

알아 두면 쓸모 있는 한국 문화

[K-pop이 세계적으로 인기가 있는 이유가 뭘까요?]
K-pop은 세계적인 인기를 끌고 있어요. 많은 사람들은 K-pop이 한국이 아닌 곳에서는 잠깐 동안만 인기를 끌다 말 것이라고 생각했는데, 그 인기가 꽤 오랫동안 계속되고 있어요. 왜 그럴까요? 그 이유는 K-pop 가수들의 실력이 뛰어나기 때문이에요. 대부분의 경우 K-pop 기획사에서는 오디션을 통해서 재능이 뛰어난 아이들을 연습생으로 뽑아요. 그리고 어린 시절부터 노래와 춤, 외국어까지 체계적으로 가르치고 훈련시켜서 원래 가지고 있던 재능을 더 크게 키워 주지요. 그 과정에서 연습생들은 서로 경쟁하고 협력하면서 세계 어느 무대에 서도 최고가 될 수 있는 능력을 갖추게 됩니다. 그러니까 앞으로도 K-pop의 인기는 계속될 거예요. K-pop의 인기는 우연(이유 없이 어쩌다가 일어난 일)이 아니라 필연(반드시 그렇게 될 수밖에 없는 일)이니까요.

- 딱 그달에 블랙핑크가 데뷔했어요.

- 저는 어린 사람들만 아이돌을 좋아할 거라 생각했었는데 생각이 바뀌었어요.

- 제 아내도 저와 같은 40대인데 BTS의 팬이에요.

- 어제 제 아들이 흥얼거리는 노래를 듣고 깜짝 놀랐어요.

- 노래를 통해서 세대 간 공통의 관심사가 생긴다는 건 정말 좋은 일이네요.

- 불후의 명곡이죠.

- 그 곡을 좀 배워 봐야겠네요.

- 심장이 두근거릴 정도로 감동적일 거예요.

제 아내는 BTS에 입덕했어요.

유나 케빈 씨도 K-pop을 좋아해요?
Do you like K-pop, Kevin?

케빈 네, 저는 블랙핑크 팬이에요.
Yes, I'm a fan of Black Pink.

K-pop을 잘 아는 건 아닌데, 블랙핑크는 정말 좋더라고요.
I don't know much about K-pop, but I really like Black Pink.

유나 특별한 이유가 있나요?
Is there any specific reason?

talk talk 단어 · 표현
• 데뷔(debut): 일정한 활동 분야에 처음으로 등장함.

케빈 네, 있어요. 제 딸이 2016년 8월에 태어났는데, 딱 그달에 블랙핑크가 데뷔했어요.
Yes, there is. My daughter was born in August 2016, and Black Pink debuted that very month.

유나 하하하, 아주 특별한 이유네요. 또 다른 이유는 없나요?
Hahaha, that's a very special reason. Are there any other reasons?

케빈 저는 블랙핑크의 노래와 춤이 다 좋아요.
I like Black Pink's songs and dances,

또 예쁜 이미지와 강한 이미지를 함께 가지고 있는 것도 좋고요.
as well as their beautiful yet strong image.

유나 ▶ 그렇군요. 저는 어린 사람들만 아이돌을
좋아할 거라 생각했었는데, 오늘 케빈 씨를
만나고 생각이 바뀌었어요.

I see. I thought only young people would
like K-pop celebrities, but after meeting you
today, I've changed my opinion.

케빈 ▶ 제 아내도 저와 같은 40대인데 BTS의
팬이에요.

My wife is also in her 40s and a fan of BTS.

최근에 BTS에 입덕했다면서 BTS가 나오는
영상을 저에게 보내 주더라고요.

She recently became a fan and started
sending me BTS videos.

유나 ▶ 두 분이 모두 K-pop을 좋아하시는군요.

Both of you like K-pop.

케빈 ▶ 네, 요즘은 어린 사람들뿐 아니라 다양한
나이대의 사람들이 아이돌 문화를 즐기게
되었어요.

Yes, these days, people of all ages enjoy
K-pop idol culture, not just young people.

문법 check!

• A/V + -ㄴ/은/는데
(도), N인데(도): 앞의
내용으로 추측할 수 있
는 것과 다른 내용이
뒤에 나올 때 쓰는 말

• A/V + -ㄹ/을 뿐(만)
아니라, N뿐(만) 아니
라: 앞의 내용만 그런
것이 아니라 뒤의 내
용도 그렇다는 것을 강조
할 때 쓰는 말

---

talk talk 단어 · 표현

• 입덕: 어떤 분야에 푹
빠지거나 스타(연예
인)의 팬이 됨.

2

아들도 저도 놀랐어요.

talk talk 단어 · 표현

• 흥얼거리다: 기분이 좋
아서 입속으로 노래를
부르다.

지수 어제 제 아들이 흥얼거리는 노래를 듣고 깜짝 놀랐어요.

Yesterday, I was surprised to hear my son humming a song.

선호 왜요? 음악적 재능이 있어 보여요?

Why? Does he seem to have musical talent?

지수 아니, 그게 아니라, 그 흥얼거리는 노래가 '쿨' 노래더라고요. 1990년대 유행했던 노래요.

No, that's not it. The song he was humming was by "Cool", a song that was popular in the 1990s.

선호 진짜요? 걔가 그걸 어떻게 알아요?

Really? How did he know that?

지수 그러니까요. 제가 정말 좋아했던 노래인데 그걸 부르고 있더라고요. 그래서 같이 불렀죠.

That's what I'm saying. It was a song I really liked, and he was singing it, so I joined him.

선호 하하하, 정말 멋진 순간이었겠네요.

Hahaha, that must have been a great moment.

지수 맞아요. 아들도 저도 놀랐어요. 그리고 함께 행복해했죠.

It was. Both my son and I were surprised and happy together.

선호 ▸ 요즘에 활동하는 가수들이 옛 노래를 리메이크해서 부르거나, 오디션 프로그램의 참가자들이 20~30년 전의 노래를 선택해 부르는 경우가 많아서 그런가 봐요.

Maybe it's because current singers remake old songs, or audition program participants choose to sing songs from 20-30 years ago.

지수 ▸ 맞아요. 제 아들도 그렇게 이야기하더라고요.

That's right. My son said the same thing.

특별히 찾아본 게 아니라 그냥 TV에서 자주 보고 들은 곡이라고요.

He didn't specifically search for it, but said he saw and heard the song on TV often.

선호 ▸ 이렇게 노래를 통해서 세대 간의 공통 관심사가 생긴다는 건 정말 좋은 일이네요.

It's great that songs can create a common interest between generations.

지수 ▸ 맞아요. 저랑 제 아들이 같은 노래를 부를 수 있다는 게 정말 좋았어요.

It was really nice that my son and I could sing the same song.

아마 아들이 어렸을 때 같이 부른 동요 '곰 세 마리' 이후로 처음일 거예요.

I think it was the first time since we sang the nursery rhyme "Three Bears" together when he was a baby.

talk talk 단어 · 표현

● 리메이크(remake): 원래 있던 영화, 음악, 드라마 등을 새롭게 다시 만듦.

문법 check!

● A/V + -ㄴ/은가/나 보다, N인가 보다: 어떤 사실이나 상황을 다른 근거로 추측할 때 쓰는 말

● N을/를 통해(서): 앞의 내용이 뒤의 내용의 방법이나 도구가 될 때 쓰는 말

하하하, 같이 부른 노래가 '쿨'의 어떤 노래였어요?

Hahaha, which "Cool" song did you sing together?

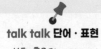

talk talk 단어 · 표현

• 불후: 훌륭한 가치나 의 의가 영원히 변하거나 없어지지 않음.

• 명곡: 뛰어나거나 유명 한 음악 작품

지수 'All foy you'요. 불후의 명곡이죠.

"All for You." It's a timeless classic.

마이클 수빈 씨, 한국 사람이라면 거의 다 알고 있는
노래가 있을까요?
Subin, is there a song that almost all
Koreans know?

수빈 BTS의 '다이너마이트'나 싸이의
'강남 스타일' 같은 노래가 제일 유명하지
않을까요?
Maybe BTS's "Dynamite" or Psy's "Gangnam
Style" are the most famous?

마이클 제가 알고 싶은 건 단순히 유명한 노래가
아니라 그 이상의 노래예요.
I want to know a song that is more than just
popular.

한국의 할아버지, 할머니도 아시는, 한국
사람들에게 의미 있는 노래요.
A song that even Korean grandparents
know, a meaningful song for Koreans.

수빈 아, 그런 노래요? 그런 노래는… 일단
애국가가 있겠고요.
Oh, that kind of song? Well… there's the
national anthem.

마이클 네, 애국가 말고 다른 노래는 없을까요?
Yes, besides the national anthem, is there
another song?

3

애국가를 한번 들어 보세요.

문법 check!
- A/V + -지 않을까
(요)?: 자신의 추측이나
생각을 조심스럽게 표
현할 때 쓰는 말

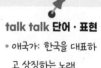

talk talk 단어 · 표현
- 애국가: 한국을 대표하
고 상징하는 노래

문법 check!

• V + -아/어야겠다:
어떤 행동에 대한 계
획과 의지를 강하게
나타낼 때 쓰는 말

수빈 ▶ 꽤 오래되긴 했지만, 2002 월드컵 때 불렀던
'오, 필승 코리아'가 한국 사람들에게 감동을
준, 의미 있는 노래가 아닐까 싶어요.

Although it's quite old, the 2002 World Cup
song "Oh, Pilseung Korea" might be a
meaningful and touching song for Koreans.

마이클 ▶ 그러면 그 곡을 좀 배워 봐야겠네요.

Then I should try to learn that song.

수빈 ▶ 애국가는 부를 줄 알아요?

Do you know how to sing the national
anthem?

마이클 ▶ 저는 애국가를 들을 때마다 슬픈 느낌이
들어서 아직 배우지 않았어요.

I haven't learned it yet because it makes me
feel sad every time I listen to it.

수빈 ▶ 하하하, 그러면 저를 믿고 'YB'가 부른
애국가를 한번 들어 보세요.

Hahaha, then trust me and listen to the
national anthem sung by "YB."

애국가를 진짜 신나게 부르거든요.

They sing it with a lot of excitement.

마이클 ▶ 그래요?

Really?

수빈 네, 그리고 '소향'이 야구장에서 부른
애국가도 한번 찾아보세요.

Yes, and also look for the national anthem
sung by "Sohyang" at a baseball stadium.

심장이 두근거릴 정도로 감동적일 거예요.

It will be so touching that your heart will
race.

talk talk 단어 · 표현

• 두근거리다: 놀람, 불안,
기대 등으로 가슴이 자
꾸 세고 빠르게 뛰다.

PART 10-1

Q1 무슨 내용이었죠? 네모 칸을 채워 볼까요?

> 유나와 케빈은 K-pop에 대해 이야기하고 있습니다. 케빈은 블랙
> 핑크를 좋아합니다. 블랙핑크는 케빈의 딸이 태어난 달과 같은 달
> 에 ☐☐ 했고, 케빈은 블랙핑크의 ☐☐ 와/과 춤을 좋아합니다.
> 또, 케빈과 같은 40대인 그의 아내는 BTS를 좋아합니다. 케빈은
> 요즘은 어린 사람들뿐 아니라 다양한 ☐☐☐ 의 사람들이 아이
> 돌 ☐ 을/를 즐기게 되었다고 생각하고 있습니다.

Q2 다음 문법 표현에 제시어를 넣어 문장을 만들어 볼까요?

1) A/V + -ㄴ/은/는데(도)

● 제시어 ●
오다

➡ 비가 _____ 경기는 이어졌다.

2) A/V + -ㄹ/을 뿐(만) 아니라, N뿐(만) 아니라

● 제시어 ●
친절하다

➡ 그녀는 _____ 일까지 잘한다.

정답

Q1 데뷔, 노래, 나이대, 문화

Q2 1) 비가 오는데(도)
2) 친절할 뿐(만) 아니라

Q1 무슨 내용이었죠? 네모 칸을 채워 볼까요?

지수와 선호는 요즘 ⬜ 노래를 리메이크하거나 20~30년 전 노래를 다시 부르는 것에 대해 이야기하고 있습니다. 지수는 선호에게 어제 아들이 1990년대 ⬜ 했던 쿨의 'All for you'를 ⬜ ⬜ 것을 듣고 깜짝 놀랐다는 말을 하였습니다. 선호와 지수는 노래를 통해서 세대 간의 공통 ⬜ 이/가 생긴다는 것은 정말 좋은 일이라고 생각합니다.

Q2 다음 문법 표현에 제시어를 넣어 문장을 만들어 볼까요?

1) A/V + -ㄴ/은가/나 보다, N인가 보다

● 제시어 ●

좋다

➡ 노래를 흥얼거리는 걸 보니 기분이 _____ 봐요.

2) N을/를 통해(서)

● 제시어 ●

홈페이지

➡ 합격 여부는 _____ 확인할 수 있습니다.

정답

Q1 옛, 유행, 흥얼거리는, 관심사

Q2 1) 좋은가
2) 홈페이지를 통해(서)

Q1 무슨 내용이었죠? 네모 칸을 채워 볼까요?

> 마이클과 수빈이는 한국 사람들에게 [   ] 있는 노래에 대해 이
> 야기하고 있습니다. 수빈이는 한국 사람들에게 의미 있는 노래는
> [   ] 와/과 2002 [   ] 때 불렀던 '오, 필승 코리아'라고
> 말하였습니다. 마이클이 애국가를 들을 때마다 [   ] 느낌이 들
> 어 아직 배우지 않았다는 말에 수빈이는 'YB'와 '소향'이 부른 애국
> 가를 들어 보라고 제안하였습니다.

Q2 다음 문법 표현에 제시어를 넣어 문장을 만들어 볼까요?

1) A/V + -지 않을까(요)?

• 제시어 •
어렵다

➡ 이 책은 7살짜리 아이에겐 좀 _____?

2) V + -아/어야겠다

• 제시어 •
빼다

➡ 건강을 위해서 살을 _____ 어요.

정답

Q1 의미, 애국가, 월드컵, 슬픈

Q2 1) 어렵지 않을까(요)
2) 살을 빼야겠

'입덕'했다고요?

'입덕'이 뭘까요? '입덕'이란 '들어가다'라는 뜻의 '입(入)'을 붙여 '덕후'가 되었다는 뜻으로 씁니다. 그러면 '덕후'는요? '덕후'는 일본어의 '오타쿠(オタク)'를 한국식으로 바꿔 쓴 말로 어떤 분야에 모든 정신을 집중해서 그 분야의 전문가 이상의 열정과 관심을 가지고 있는 사람을 말합니다. 이 말이 일본에서 한국에 처음 들어왔을 때는 부정적인 뜻으로 썼지만 최근에는 긍정적인 뜻으로 많이 쓴답니다. 그러니까 "그 가수에게 입덕했다." 라고 한다면 그 가수를 아주 좋아하게 되어 열정적인 팬(fan)이 되었다는 것을 말합니다. 그런데 입덕했던 대상을 좋아하지 않게 되면 더 이상 덕질을 하지 않게 되겠지요. 그러면 덕질에서 빠져나온 것이기 때문에, '입덕'과는 반대로 '나오다'라는 뜻의 '탈(脫)'을 붙여서 '탈덕'이라는 표현을 씁니다.

메모

PART
11

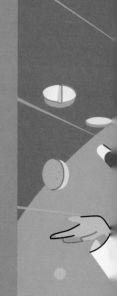

🔊 MP3 **11**

건강

1 집에서 한번 따라해 보세요.

2 허리를 좀 펴 보실래요?

3 건강은 건강할 때 챙겨야죠.

알아 두면 쓸모 있는 한국 문화

[이동할 때도 여가 시간도 자전거와 함께!]
한국에서는 많은 사람들이 자전거를 교통수단으로 이용합니다. 출근할 때뿐만 아니라 집에서 가까운 곳으로 이동할 때도 자전거를 타지요. 그래서 정부에서는 각 지역 정부에서 관리하는 자전거 대여(빌려주는) 시스템을 마련했습니다. 서울에서는 '따릉이'라고 부르지요. 그러면 자전거는 이동을 위해서만 탈까요? 아니요. 아주 많은 사람들이 취미로도 자전거를 타고 있답니다. 이렇게 교통수단이나 취미로 자전거를 타는 사람들이 한국에는 1,400만 명이나 된다고 해요. 한국 인구가 5,100만 명이니까 한국 인구의 무려 27%나 되는 사람들이 자전거를 이용하고 있는 것이지요. 좋은 날씨에 가까운 곳으로 이동할 때나 취미 삼아 자전거를 타 보세요. 시원한 바람에 기분이 좋아질 거예요.

- 일주일에 세 번 정도 헬스장에 가요.

- 영상을 보기만 하고 따라하지는 않게 되더라고요.

- 원래 말로는 쉬운 법이잖아요.

- 허리가 굽어 있어서 축 처져 보였나 봐요.

- 요즘 엄청 많이 팔린대요.

- 굳어 있던 몸이 풀릴 거예요.

- 누가 보면 약국인 줄 알겠어요.

- 저는 요즘 건강에 너무 소홀해져서 큰일이에요.

집에서
한번 따라해
보세요.

talk talk 단어 · 표현

- 헬스장: 여러 가지 운동
  기구나 시설을 갖춘 곳
- PT(Personal Training):
  헬스장에서 1:1로 전문
  가에게 맞춤형 지도를
  받는 것
- 루틴(routine): 매일
  반복적으로 하는 행동
  이나 절차

 선호 제니 씨는 운동하세요?

Jenny, do you exercise?

제니 네, 일주일에 세 번 정도 헬스장에 가요.

Yes, I go to the gym about three times a week.

매일 하고 싶지만 시간이 안 돼서요. 그런데 그 정도면 충분하다고 하더라고요. 선호 씨는요?

I want to go every day, but I don't have enough time. But they say three times a week is enough. How about you, Seonho?

선호 저는 지금 운동을 못 하고 있어요. 운동을 꾸준히 하고 싶은데 생각처럼 쉽지가 않네요.

I can't exercise right now. I want to be consistent with my workouts, but it's not as easy as I thought.

역시 돈이 좀 들더라도 PT를 등록해야 하나 싶어요.

I wonder if I should invest in a personal trainer, even if it's expensive.

제니 요즘은 꼭 PT를 받지 않아도 유튜브의 여러 운동 채널에서 나에게 필요한 운동 루틴을 배울 수 있어요.

Nowadays, you can learn the necessary workout routines from various YouTube channels without a personal trainer.

운동 유튜버들이 정말 잘 가르쳐 주고요.
Fitness YouTubers teach very well.

선호 저도 그런 유튜브 채널을 몇 개 봤는데, 영상을 보기만 하고 따라하지는 않게 되더라고요.
I've watched some of those channels, but I end up just watching the videos and not following along.

제니 그랬군요. 하지만 특별한 운동 기구 없이도 집에서 운동할 수 있는 방법들이 많아요.
I see. There are many ways to exercise at home without special equipment.

의자 하나만 있어도 많은 운동을 할 수 있더라고요. 집에서 한번 따라해 보세요.
You can do a lot of exercises with just a chair. Try it at home.

선호 제니 씨도 그런 거 보면서 운동하기도 해요?
Jenny, do you also workout by following those videos?

제니 아니요. 알고 있는 채널은 많지만 따라해 본 적은 없어요.
No. I know many channels, but I've never tried them.

선호 하하하, 그런데 왜 저에게는 하라고 하는 거예요?
Hahaha, then why are you telling me to do it?

문법 check!
• V + -게 되다: 계획이나 의지로 하는 것이 아니라 저절로 어떤 상황이 된 것을 나타낼 때 쓰는 말

talk talk 단어 · 표현

• 홈트(Home Training):
집에서 운동하는 것
('Home Training'은
'at−home workout'
의 잘못된 표현이 자주
쓰여 굳어진 것)

제니 ▶ 원래 말로는 쉬운 법이잖아요. 역시 평범한
의지력을 가진 사람들은 헬스장에 다니는 게
좋아요.

It's always easy to talk the talk. After all,
ordinary people with average willpower
should go to the gym.

홈트는 의지력이 대단한 사람들이 하는 거예요.

Home workouts are for those with
extraordinary willpower.

히에우 ▶ 수빈 씨, 무슨 일 있어요? 왜 이렇게 축 처져 있어요?

Subin, what's going on? Why are you slumping like this?

수빈 ▶ 네? 저 오늘 기분 좋은데요?

Me? I'm in a good mood today.

히에우 ▶ 그래요? 그러면 허리를 좀 펴 보실래요? 허리가 굽어 있어서 축 처져 보였나 봐요.

Really? Can you straighten your back a little then? Your bent back makes you look slumped.

수빈 ▶ 그런가요? 제가 허리가 조금 굽은 것 같아요. 이걸 해결하려면 운동을 해야겠죠?

Is that so? I think my back is a little bent. I should exercise to fix it, right?

히에우 ▶ 네, 운동을 하면 좋죠. 그리고 평소 자세가 제일 중요하다고 하더라고요.

Yes, exercising would help. And they say maintaining a good posture is the most important thing.

수빈 ▶ 저도 그런 이야기를 많이 들었어요.

I've heard that a lot, too.

📌
talk talk 단어 · 표현
- 굽다: ① 불이나 열에 익히다, ② 한쪽으로 구부러지다. 여기서는 ② 의 뜻

그래서 항상 허리를 펴려고 하는데 자꾸 잊어버려요.

I always try to keep my back straight, but I keep forgetting.

바른 자세가 불편하기도 하고요.

It's also uncomfortable to maintain a good posture.

문법 check!

• A + -대(요), V + -ㄴ/는대(요): 자신이 들은 내용을 전달할 때 쓰는 말 = A/V + -다고 해(요)

히에우 습관이 되기 전까지는 불편하죠.

It's uncomfortable until it becomes a habit.

그래서 바른 자세를 유지할 수 있게 도와주는 자세 교정 의자가 있더라고요. 요즘 엄청 많이 팔린대요.

That's why there are posture-correcting chairs to help. They sell a lot these days.

수빈 저도 그걸 사야겠어요. 앉아 있는 시간이 많거든요.

I should buy one too. I spend a lot of time sitting.

talk talk 단어·표현

• 무리가 가다: 힘든 정도가 더해지다.

히에우 그래요. 직장인 대부분이 앉아 있는 시간이 많아서 허리에 무리가 갈 수 있어요.

Yes. Most office workers spend a lot of time sitting, which can strain their backs.

수빈 맞아요. 저는 하루에 8시간은 앉아 있어요.

That's true. I sit for at least 8 hours a day.

히에우 ▶ 아이고, 종종 의자에서 일어나서 간단한
스트레칭과 짧은 산책도 해 보세요.

Oh dear, try getting up from your chair
occasionally to do some simple stretching
and short walks.

굳어 있던 몸이 풀릴 거예요.

Your stiff body will loosen up.

문법 check!

• A/V + -던: ① 과거
의 상태, ② 어떤 일
이 과거에 완료되지
않고 중단됨. 여기서는
①의 뜻

3

건강은 건강할 때 챙겨야죠.

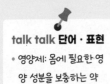

talk talk 단어 · 표현
- 영양제: 몸에 필요한 영양 성분을 보충하는 약

현우 ▶ 웨이 씨, 책상에 무슨 약이 이렇게 많아요? 어디 아파요?

Wei, why do you have so many pills on your desk? Are you sick?

웨이 ▶ 하하하, 영양제는 아프기 전에 미리 먹어 둬야죠.

Hahaha, you should be taking supplements before you get sick.

현우 ▶ 와, 그러면 이게 다 영양제예요? 웨이 씨는 건강을 잘 챙기시는군요.

Oh, are all these supplements? You really take care of your health.

이거는 비타민 D고, 이거는 유산균, 오메가3….

This one is vitamin D, this one is probiotics, and omega-3….

웨이 ▶ 네, 맞아요. 그리고 칼슘 보충제, 혈액 순환 개선제….

Yes, that's right. And calcium supplements, blood circulation improvers….

꿀과 홍삼이 들어 있는 진액도 있고요. 또 가끔 먹는, 눈에 좋은 약도 있어요.

there are also extracts with honey and red ginseng. I also occasionally take eye care pills.

현우 와, 누가 보면 약국인 줄 알겠어요.

Wow, it looks like a pharmacy here.

웨이 건강은 건강할 때 챙겨야 하잖아요.

You should take care of your health when you're healthy.

현우 씨도 건강 잘 챙기세요. 이미 잘 챙기고 계시겠죠?

Hyeonu, you should take care of your health too. I'm sure you're already doing a good job?

현우 아니에요. 저는 요즘 건강에 너무 소홀해져서 큰일이에요.

No, I've been neglecting my health lately, and it's a problem.

웨이 씨에게 건강 챙기는 법을 배워야겠어요.

I should learn from you how to take care of my health.

웨이 저도 잘 아는 것은 아니지만 영양제나 건강 보조 식품은 추천해 드릴 수 있어요.

I don't know much, but I can recommend supplements and health foods.

현우 네, 저도 좀 알아보고 궁금한 건 물어볼게요.

Alright, I'll do some research and ask if I have any questions.

문법 check!

- A/V + -ㄴ/은/는 줄, N인 줄: 어떤 사실을 잘못 알거나 몰랐음을 나타낼 때 쓰는 말
- A/V + -아/어야 하다: 어떤 행동이나 상황이 일어나야 함을 나타낼 때 쓰는 말

talk talk 단어 · 표현

- 소홀하다: 중요하게 생각하지 않아 관심과 정성이 부족하다.

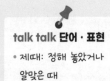

talk talk 단어 · 표현

• 제때: 정해 놓았거나
알맞은 때

웨이 그래요. 언제든지 물어보세요.

Sure, ask anytime.

그런데, 가장 중요한 건 밥을 제때 잘 먹어야 한다는 거, 잘 알고 계시죠?

But you do know that the most important thing is to eat your meals on time, right?

현우 네, 가장 자신 없는 부분이긴 하지만 잘 알고 있어요.

Yes, I know it's my weakest point, but I'm aware of it.

PART 11-1

Q1 무슨 내용이었죠? 네모 칸을 채워 볼까요?

> 선호와 제니는 ___ 방법에 대해 이야기하고 있습니다. 제니는 PT를 ___ 해야 할지 고민하는 선호에게 유튜브의 운동 채널을 통해 ___에서 운동해 보라고 제안하였습니다. 제니는 선호에게 유튜브의 여러 운동 채널에서 자신에게 필요한 운동 루틴을 배워 집에서 운동할 수 있다고 설명하고 있지만 막상 제니도 ___ 영상을 보며 운동해 본 적은 없습니다.

Q2 다음 문법 표현에 제시어를 넣어 문장을 만들어 볼까요?

1) V + -게 되다

● 제시어 ●
좋아하다

➡ 네 덕분에 야구를 _____ 되었어.

2) A/V + -ㄴ/은/는 법이다

● 제시어 ●
오다

➡ 위기는 언제나 기회와 함께 _____ 이다.

정답
Q1 운동, 등록, 집, 유튜브

Q2 1) 좋아하게
2) 오는 법

Q1 무슨 내용이었죠? 네모 칸을 채워 볼까요?

히에우와 수빈이는 바른 ▢▢ 에 대해 이야기하고 있습니다. 히에우와 수빈이는 ▢▢ 자세가 제일 중요하지만 습관이 되기 전까지는 바른 자세가 ▢▢ 하다고 생각합니다. 히에우는 수빈이에게 바른 자세를 유지할 수 있게 도와주는 자세 ▢▢ 의자가 있다는 것을 알려 주고 종종 의자에서 일어나서 간단한 스트레칭과 짧은 ▢▢ 을/를 해 보라고 제안하였습니다.

Q2 다음 문법 표현에 제시어를 넣어 문장을 만들어 볼까요?

1) A + -대(요), V + -ㄴ/는대(요)

● 제시어 ●
예쁘다

➡ 여의도의 벚꽃이 이번 주에 가장 _____.

2) A/V + -던

● 제시어 ●
어둡다

➡ _____ 성격이 많이 밝아졌어요.

정답

Q1 자세, 평소, 불편, 교정, 산책

Q2 1) 예쁘대(요)
2) 어둡던

Q1 무슨 내용이었죠? 네모 칸을 채워 볼까요?

현우와 웨이는 ＿＿＿＿ 와/과 건강 보조 식품에 대해 이야기하고 있습니다. 웨이는 ＿＿ 할 때 건강을 챙겨야 한다고 생각하고 있습니다. 현우는 자신이 요즘 건강에 너무 ＿＿ 해졌다고 생각하고 웨이에게 건강을 챙기는 방법을 배우려고 합니다. 웨이는 현우에게 영양제나 건강 보조 식품을 ＿＿ 해 주기로 하고 건강을 챙기기 위해서는 밥을 ＿＿ 잘 먹어야 한다고 말하였습니다.

Q2 다음 문법 표현에 제시어를 넣어 문장을 만들어 볼까요?

1) A/V + -ㄴ/은/는 줄, N인 줄

● 제시어 ●
가다

➡ 네가 안 보여서 먼저 집으로 ＿＿＿＿＿＿＿＿＿＿ 알았어.

2) A/V + -아/어야 하다

● 제시어 ●
끝내다

➡ 이 일은 반드시 다음 주까지 ＿＿＿＿＿＿＿＿＿＿ 한다.

정답

Q1 영양제, 건강, 소홀, 추천, 제때

Q2 1) 간 줄
2) 끝내야

여러분, '구구팔팔'하세요!

인생에서 중요한 것은 여러 가지가 있겠지만, 그 무엇보다 중요한 것은 건강이지요. 몸이 아프면 어떤 좋은 것도 즐길 수 없으니까요. 그래서 한국 사람들은 이 말을 "건강이 최고예요."라고 줄여 말하곤 합니다. 특히 한국 사람들은 건강을 위해서 제때(알맞은 때) 밥을 잘 챙겨 먹는 것을 정말 중요하게 생각하는데요, 그래서 '밥'을 몸에 좋은 재료들을 물에 넣고 끓여서 만든, 몸에 힘이 나게 해 주는 '보약'으로 표현해서 "밥이 보약이에요." 라고 합니다. 나이가 좀 많은 사람들이 요즘에 쓰는 건강에 대한 유행어(유행하는 말) 가 있는데요, 바로 '구구팔팔'입니다. 99살까지 팔팔하게(활발하고 생기가 있게), 즉 건강을 잘 관리해서 오래오래 건강하게 살자는 뜻이랍니다. 여러분도 건강이 최고라는 것 잊지 마시고, 밥이 보약이니까 제때 밥 잘 챙겨 드셔서 '구구팔팔'하세요!

메모

교육

1 사교육비가 정말 많이 드는군요.

2 영어 교육을 굉장히 일찍 시작하네요.

3 다양하고 많은 공부가 필요하겠네요.

알아 두면 쓸모 있는 한국 문화

[공교육으로도 충분해요!]
대한민국 정부는 한국의 심각한 사교육비 문제를 해결하기 위해 다양한 정책을 펼치고 있습니다. 그중 대표적인 것이 '방과(학교가 끝남.) 후 학교'와 '교육 방송(EBS)'입니다. 먼저, 방과 후 학교는 2006년부터 정부에서 시행(법을 발표해 사람들에게 영향을 주게 하는 일)한 교육 정책입니다. 학교가 끝난 후에 학생들이 아주 저렴한 교육비로 학교에서 다양한 분야의 수업을 받을 수 있게 하는 것이랍니다. 다음으로 교육 방송(EBS)은 나라에서 운영하는 공영방송(모두의 이익을 위한 방송)입니다. 질 높은 여러 교육 프로그램을 제작해서 방송으로 내보내고 있고, 'EBSi(www.ebsi.co.kr)'라는 인터넷 사이트를 통해 보충 수업 영상을 무료로 제공하고 있지요. 게다가 EBSi 수업을 들을 때 필요한 교재는 다른 교재보다 싼 편입니다. 이렇게 한국에서는 다양한 방식으로 좋은 공교육을 제공하고 있답니다.

미리 보는 중요 표현

- 아이 키우는 데 드는 비용 중에 교육비의 비중이 엄청나잖아요.

- 한국은 교육에 관심이 높은 만큼 사교육 시장이 굉장히 커요.

- 아무리 아이의 영어 교육을 위한 일이라지만 정말 힘들겠어요.

- 아이의 영어 교육을 위해서 정말 큰 희생을 감수하는 거예요.

- 아이에게는 가족과 함께하는 일상도 정말 중요하죠.

- 평균 수명 백세 시대가 다가오고 있대요.

- 더 전문적인 지식을 원한다면 대학이나 대학원에 진학할 수도 있죠.

- 적어도 반백 년은 더 일하려면 직업을 세 개는 가져야겠어요.

사교육비가 정말 많이 드는군요.

문법 check!

문법 check!
- A/V + −지만: 앞의 내용을 인정하면서 뒤에는 앞과 반대되는 내용을 나타낼 때 쓰는 말

talk talk 단어 · 표현
- 비용: 어떤 일을 하는 데 드는 돈
- 의무 교육: 나라에서 정한 법에 따라 일정한 나이가 되면 의무적으로 받아야 하는 보통 교육

웨이 ▶ 찬호 씨, 이 신문 기사 내용 봤어요?
Chanho, have you seen this news article?

요즘은 아이 한 명을 낳으면 아이가 대학교를 졸업할 때까지 3억 원이 든대요.
It says it costs 300 million won to raise a child until they graduate from university.

찬호 ▶ 아, 저도 봤어요. 돈이 많이 드는 건 맞지만 그건 좀 과장된 금액이 아닐까요?
Ah, I saw it too. It does cost a lot, but don't you think that amount is a bit exaggerated?

1억 원으로 계산된 것도 있던데요?
I've seen calculations saying it costs around 100 million won.

웨이 ▶ 그건 사교육비의 차이 때문일 거예요.
That difference could be due to the private education expenses.

사실 아이 키우는 데 드는 비용 중에 교육비의 비중이 엄청나잖아요.
Actually, education expenses make up a huge portion of the cost of raising a child.

찬호 ▶ 공교육은 돈이 거의 안 드니까요.
Public education costs almost nothing.

중학교까지는 의무 교육이라 학비가 들지 않고, 고등학교 학비는 아주 싸고요.
Up to middle school, education is compulsory and tuition-free, and high school tuition is very cheap.

웨이 네, 문제는 사교육이에요.

Yes, the problem is private education.

중학생 학원비가 영어랑 수학만 해도 한 달에 40만 원 정도 드는데,

The tuition for middle school students' English and math academies alone costs about 400,000 won a month,

보통 중학생들이 영어와 수학 학원만 다니는 건 아니니까요.

and it's not like they attend only those two.

찬호 사교육비가 정말 많이 드는군요.

Private education really costs a lot.

웨이 한국은 교육에 관심이 높은 만큼 사교육 시장이 굉장히 커요.

South Korea has a huge private education market due to the high interest in education.

그만큼 학부모의 경제적 부담도 크고요.

It also means a great financial burden for parents.

찬호 입시 경쟁에서 살아남기 위해 학생과 부모가 어쩔 수 없이 희생하는 느낌이 들어서 씁쓸하네요.

It's sad that students and parents have to make sacrifices to survive in the competition for college entrance exams.

talk talk 단어 · 표현

- 사교육: 개인이 만든 기관에서 개인이 내는 돈으로 하는 교육 ↔ 공교육
- 입시: 입학하기 위해 보는 시험
- 경쟁: 어떤 분야에서 이기거나 앞서려고 서로 싸움.
- 희생: 어떤 사람이나 목적을 위해 자신의 목숨, 재산, 명예, 이익 등을 버림.

문법 check!

- A/V + -ㄴ/은/는 만큼: 어떤 행동의 정도에 따라 뒤에 나올 결과의 정도가 달라짐을 나타낼 때 쓰는 말

2

영어 교육을 굉장히 일찍 시작하네요.

talk talk 단어 · 표현

• 호랑이 담배 피우던 시절: 아주 먼 옛날(조선 시대에 처음으로 담배가 들어와 담배가 몸에 나쁜 줄 모르고 누구나 담배를 피웠던 것에서 나온 말)

명환 ▶ 수지 씨, 요즘은 몇 살부터 영어를 배워요?

Susie, at what age do children start learning English these days?

수지 ▶ 초등학교 3학년 때 영어를 배운다고 하더라고요.

I heard that they start learning English in the third grade of elementary school.

명환 ▶ 아, 그렇군요. 호랑이 담배 피우던 시절의 이야기지만 저는 중학교 1학년 때 알파벳부터 배웠는데….

Oh, I see. Back in my days, I started learning the alphabet in the first year of middle school….

수지 ▶ 그런데 요즘 대부분 아이들은 유치원에 다닐 때부터 영어를 배워요.

But most children these days start learning English when they attend kindergarten.

그래서 영어 교육 프로그램을 진행하는 유치원이 많고요.

There are many kindergartens that offer English education programs.

명환 ▶ 영어 교육을 굉장히 일찍 시작하네요.

They start English education very early.

수지 네, 영어 교육을 굉장히 중요하게 생각하는
사람들은 아이를 조기 유학 보내기까지 해요.
Yes, some people who value English
education highly even send their children
abroad for early study.

명환 아이만 외국으로 떠나나요?
Do the children go abroad alone?

수지 보통은 아이와 엄마가 함께 떠나고 아빠는
한국에서 직장을 다니면서 아이와 엄마에게
교육비를 보내요.
Usually, the mother and child go together,
while the father stays in Korea and works,
sending money for education.

이런 아빠를 '기러기 아빠'라고 해요.
Such fathers are called "wild goose fathers."

명환 저런, 아무리 아이의 영어 교육을 위한
일이라지만 정말 힘들겠어요.
That must be tough, even if it's for their
child's English education.

수지 네, 많이 힘들겠지요. 아이의 영어 교육을
위해서 정말 큰 희생을 감수하는 거예요.
Yes, it must be very difficult. It's a huge
sacrifice for their child's English education.

talk talk 단어 · 표현

- 조기 유학: 어린 나이
에 일찍 외국으로 공부
하러 가는 것
- 감수하다: 힘든 일을 받
아들이다.

문법 check!

- A/V + -기까지 하
다, N이기까지 하다:
보통의 상태나 행동보
다 정도가 큰 상태나
행동임을 나타낼 때
쓰는 말
- 아무리 A + -다지만,
아무리 V + -ㄴ/는다
지만, 아무리 N(이)라지
만: 들어서 알고 있거나
인정하는 사실이지만
실제의 상황이나 생
각과 다를 때 쓰는 말

talk talk 단어 · 표현

• 일상: 매일 반복되는
  평범한 생활

명환 ▶ 아이에게는 가족과 함께하는 일상도 정말
중요하죠.

Family time is also very important for
children.

깊이 고민해 보고 결정해야 할 문제네요.

It's a decision that requires deep
consideration.

지영 평균 수명 백세 시대가 다가오고 있대요.

You know, the age of living to 100 on average is coming up.

위에밍 그렇게 이야기하니까 남은 인생이 너무 길게 느껴져요.

It feels like our lives are so much longer when you put it like that.

지금 하고 있는 일을 그렇게 오래 하고 싶지 않은데….

I don't want to do this job for that long….

지영 그렇죠. 그래서 직업에 대한 생각이 예전과 많이 달라졌다고 하더라고요.

Yeah, that's why people's thoughts about jobs have changed a lot from the past.

위에밍 어떻게요?

How so?

지영 예전에는 한 가지 직업을 한번 선택하면 평생 동안 그 일만 했지만,

In the past, people would choose one job and do it for their whole lives,

요즘은 직업을 바꿀 뿐만 아니라 두 가지 이상의 직업을 가지는 경우도 많아졌어요.

but nowadays, people often have more than one job and change their careers.

3

다양하고 많은 공부가 필요 하겠네요.

talk talk 단어·표현
- 백세 시대: 평균 수명이 100세가 되는 시대

문법 check!
- [수량, 정도] 이상: 앞의 수량이나 정도를 포함해서 더 많거나 큼을 나타내기 위해 쓰는 말
- A/V + ㅡ니/은/는 경우: 어떤 상태나 행동이 조건이 되었을 때 쓰는 말

talk talk 단어 · 표현

- 평생 교육: 평생 동안
  이루어지는 모든 교육
  활동
- 진학하다: 어떤 등급의
  학교를 졸업한 후 그보
  다 높은 등급의 학교에
  들어가다.
- 후반전: 어떤 운동 경기
  시간을 반으로 나눈 것
  의 뒤쪽 경기

위에밍 ▶ 그렇군요. 그러기 위해서는 다양하고 많은
공부가 필요하겠네요.

That's interesting. We'll need a lot of
diverse learning to do that.

지영 ▶ 네, 지금은 평생 교육의 시대라서 언제든지
새로운 교육을 받고 새로운 직업을 가질 수
있어요.

Yeah, it's the era of lifelong education, so
we can get new education and have a new
career anytime.

위에밍 ▶ 어디에서 그런 교육을 받을 수 있어요?

Where can we get that kind of education?

지영 ▶ 정부에서 지원하는 직업 교육 프로그램에서
원하는 분야에 대한 교육을 받을 수도 있고요,

We can get education in the fields we want
from government-supported job training
programs,

더 전문적인 지식을 원한다면 대학이나
대학원에 진학할 수도 있죠.

or if we want more specialized knowledge,
we can go to college or grad school.

위에밍 ▶ 우리의 윗세대는 인생의 후반전을
준비한다고 하던데,

Our older generations used to talk about
preparing for the second half of life,

우리는 인생의 후반전이 아니라 2쿼터를
준비하는 거네요.

but it's more like we're preparing for the
second quarter of life.

지영 하하하, 맞아요. 적어도 반백 년은 더
일하려면 직업을 세 개는 가져야겠어요.

Hahaha, that's right. If we're gonna work for
at least 50 more years, we'd better have at
least three jobs.

talk talk 단어 · 표현

• 쿼터(quarter): 어떤
  운동 경기 시간을 네 부
  분으로 나눈 것(각 부분을
  '1~4쿼터'라고 부름.)
• 적어도: 아무리 적게,
  낮게, 나쁜 경우를 생
  각하더라도
• 반백 년: 백(100) 년의
  반인 오십(50) 년

PART 12-1

Q1 무슨 내용이었죠? 네모 칸을 채워 볼까요?

웨이와 찬호는 〔   〕에 대해 이야기하고 있습니다. 웨이는 아이 한 명을 키우는 데 돈이 많이 드는 이유는 사교육비 때문이며, 한국은 교육에 대한 〔   〕이/가 높은 만큼 사교육 시장이 굉장히 커서 그만큼 학부모의 경제적 〔   〕도 크다고 생각합니다. 찬호는 입시 〔   〕에서 살아남기 위해 학생과 부모가 〔   〕한다는 느낌이 들어 씁쓸하였습니다.

Q2 다음 문법 표현에 제시어를 넣어 문장을 만들어 볼까요?

1) A/V + -지만

● 제시어 ●
어렵다

➡ 한국어 공부는 ＿＿＿＿＿＿＿＿＿＿＿＿ 재미있어요.

2) A/V + -ㄴ/은/는 만큼

● 제시어 ●
일하다

➡ 오래 ＿＿＿＿＿＿＿＿＿＿＿＿ 많이 쉬세요.

정답
Q1 사교육비, 관심, 부담, 경쟁, 희생
Q2 1) 어렵지만
2) 일한 만큼

Q1 무슨 내용이었죠? 네모 칸을 채워 볼까요?

명환이와 수지는 아이들의 ▢▢ 교육에 대해 이야기하고 있습니다. 수지는 명환이에게 대부분의 아이들은 유치원에 다닐 때부터 영어를 배우고 아이를 ▢▢▢▢ 보내는 사람들도 있다고 설명하였습니다. 명환이와 수지는 요즘 아이들이 영어를 ▢▢ 배우고 있다고 생각하며 아이의 영어 교육을 위해서 ▢▢들이 함께 하는 일상을 ▢▢하는 것을 안타까워하였습니다.

Q2 다음 문법 표현에 제시어를 넣어 문장을 만들어 볼까요?

1) A/V + -기까지 하다, N이기까지 하다

● 제시어 ●

뛰다

➡ 두 시간을 걸은 걸로도 모자라 _____ 했다.

2) 아무리 A + -다지만, 아무리 V + -ㄴ/는다지만, 아무리 N(이)라지만

● 제시어 ●

친구

➡ _____, 서로 예의를 지켜야 해요.

정답

Q1 영어, 조기 유학, 일찍, 가족, 희생

Q2 1) 뛰기까지
2) 아무리 친구라지만

Q1 무슨 내용이었죠? 네모 칸을 채워 볼까요?

지영이와 위에밍은 [　　] 에 대해 이야기하고 있습니다. 지영이는 위에밍에게 백세 시대가 다가오면서 직업에 대한 사람들의 생각이 많이 달라졌고, 직업을 바꾸거나 두 가지 [　　] 의 직업을 가지기 위해서는 많은 [　　] 이/가 필요하다고 설명하고 있습니다. 그리고 새로운 [　　] 을/를 받을 수 있는 곳으로 직업 교육 프로그램과 [　　] 또는 대학원을 소개하였습니다.

Q2 다음 문법 표현에 제시어를 넣어 문장을 만들어 볼까요?

1) [수량, 정도] 이상

● 제시어 ●

100년

➡ 저 나무는 _____ 을 산다.

2) A/V + -ㄴ/은/는 경우

● 제시어 ●

오다

➡ 비가 _____ , 행사가 취소됩니다.

정답

Q1 직업, 이상, 공부, 교육, 대학

Q2 1) 100년 이상
2) 오는 경우

왜 '기러기 아빠'라고 해요?

한국 사람들은 교육에 관심이 아주 높아요. 그래서 자신의 아이를 좋은 중학교, 고등학교, 대학교에 보내기 위해서 많은 노력을 합니다. 아이를 학원에 보내거나 과외 선생님(학생의 집에 방문해서 가르쳐 주는 선생님)을 알아보는 등 아이가 좋은 환경에서 공부할 수 있도록 하지요. 특히 영어 교육에 관심이 많으면 아이가 어릴 때 유학(외국에서 공부하는 것)을 보내기도 하는데요, 아이가 너무 어리면 혼자 외국에 갈 수 없기 때문에 보통 엄마가 함께 떠나게 됩니다. 그럼 아빠도 같이 갈까요? 아빠는 한국에 혼자 남아 열심히 돈을 벌어야 해서 함께 가지 못한답니다. 아빠가 돈을 벌어서 외국에 있는 엄마와 아이에게 보내 주어야 엄마와 아이가 외국에서 생활할 수 있고 아이는 공부를 할 수 있기 때문이지요. 이렇게 혼자 남은 아빠를 '기러기 아빠'라고 합니다. 그런데 왜 '기러기 아빠'라고 할까요? 기러기는 한국에서 '외로움'과 '희생'이라는 뜻을 가진 동물이기 때문입니다. 가족을 위해 외로움을 겪으며 희생하는 아빠의 모습을 기러기에 비유한 거지요. 그리고 기러기가 철새(계절에 따라 사는 곳을 옮기는 새)이기 때문에 그렇게 불렀다는 이야기도 있어요. 외국에 있는 가족들을 만나기 위해 1년에 한두 번 비행기를 타고 이동하는 모습이 철새와 비슷하다고 생각하는 거지요.

메모

경제

1. 지금은 상대적 빈곤을 겪어요.

2. 지갑은 장식품이 되어 버렸어요.

3. 주식 투자에 대해 공부해야 해요.

알아 두면 쓸모 있는 한국 문화

[한강의 기적? 어떤 기적이 일어났나요?]

한국은 아주 가난한 나라였습니다. 1950년에 일어난 한국 전쟁 때문에 더 가난해졌지요. 전쟁이 막 끝난 1953년에 한국의 1인당 국민소득(GDP)은 67달러였습니다. 그러나 한국은 1960년대부터 눈부신 발전을 거듭했고요, 1977년에는 1인당 국민소득 1,000달러를, 2000년에는 10,000달러를 넘었어요. 50년 만에 이렇게 크게 발전한 것에 대해 한국 사람들도 다른 나라 사람들도 모두 기적이라고 생각했지요. 그래서 한국에서 일어난 기적이라는 뜻으로 '한강의 기적'이라고 이름을 붙였어요. 한국이 이렇게 짧은 시간에 엄청난 경제 발전을 이룰 수 있었던 이유는 두 가지가 있는데요, 첫째는 부지런하고 성실한 한국 사람들의 태도였답니다. 한국은 천연자원(자연에서 얻는 자원)은 부족했지만 '국민의 열정'이라는 아주 좋은 자원이 있었지요. 둘째는 교육열입니다. 교육에 대한 한국인의 높은 관심은 인재를 많이 길러냈고, 그 인재들이 한국의 경제 발전을 이끌었습니다.

미리 보는 중요 표현

- 경제 상황이 계속 악화되고 있어서 큰일이네요.

- 좀 옛날 사람 같은 생각이네요.

- 은행 업무가 아주 빠르고요, 결제 방식도 참 잘 되어 있는 것 같아요.

- 페이 결제 방식이 특히나 편리하더라고요.

- 지갑은 장식품이 되어 버렸어요.

- 저는 사실 주식 투자를 시작한 지 얼마 안 됐어요.

- 주식 투자를 삐딱한 시선으로 바라보자면 그렇게 보이기도 해요.

- 천천히 지켜보고 공부하면서 이것저것 시도해 보려고요.

1

지금은 상대적 빈곤을 겪어요.

talk talk 단어 · 표현

● 악화되다: 일이나 상황이 나쁜 방향으로 나아가다.

명환▶ 경제 상황이 계속 악화되고 있어서 큰일이네요.

The economic situation is getting worse and worse.

마리아▶ 저, 그런데요. 사실 저는 경제가 안 좋다고 느끼지 않아요.

Well, actually, I don't feel like the economy is bad.

명환▶ 그래요? 혹시 그렇게 느낀 이유가 있나요?

Really? Do you have any reason for feeling that way?

마리아▶ 경제가 어렵다고는 하지만, 제 주변을 봤을 때는 1년에 두 번씩 가던 해외여행을 몇 년 못 가게 된 정도지,

Although they say the economy is tough, when I look around me, people are only not able to travel abroad twice a year like they used to for a few years,

먹고사는 데에는 큰 문제가 없어 보이더라고요.

but they don't seem to have big problems with basic needs.

명환▶ 아, 먹고사는 문제를 가장 큰 기준으로 두었군요.

Ah, you put the emphasis on food and living.

마리아 네, 저는 너무 가난해서 굶어 죽기까지 했던 1950~1960년대에 비하면 지금은 천국이나 다름없다고 생각해요.

Yes, I think now is nothing short of heaven compared to the 1950s and 1960s when I was starving to death because of extreme poverty.

명환 좀 옛날 사람 같은 생각이네요.

Your thoughts seem a bit old-fashioned.

마리아 제 생각이 틀린 건가요?

Are my thoughts wrong?

명환 그렇다기보다는 더 넓은 관점으로 문제를 바라봤으면 좋겠어요.

Rather than being wrong, I wish you would look at the problem from a broader perspective.

각 시대마다 안고 있는 문제는 모두 다른 법이거든요.

The problems each era faces are all different.

마리아 지금은 어떤 문제를 안고 있나요?

What problems do we face now?

명환 마리아 씨가 말한 대로 지금은 생존의 문제는 어느 정도 해결됐지만,

As Maria said, we have now solved the problem of survival to some extent,

문법 check!
- N(이)나 다름없다: 서로 같거나 비슷할 때 쓰는 말
- V + -ㄴ/은/는 대로: 어떤 상태나 행동이 뒤의 내용에서 같은 모습으로 나올 때 쓰는 말

talk talk 단어 · 표현
- 옛날 사람: 생각이 시대에 맞지 않게 뒤떨어져 있는 사람

talk talk 단어 · 표현

- 양극화 현상: 경제적 불평등이 심해져 잘사는 사람과 못사는 사람의 차이가 심해지는 사회 현상
- 절대적: 어떤 것을 그 자체로 보는 (것)
- 빈곤: 가난해서 생활하기 어려움.
- 상대적: 어떤 것을 다른 것과 비교해서 보는 (것)

양극화 현상으로 인한 여러 문제들을 안고 있어요.

but we face various issues due to polarization.

마리아 ▶ 먹고사는 문제만이 중요한 것은 아니군요.

The problem of food and living is not the only important thing.

명환 ▶ 과거에는 대부분의 사람들이 절대적 빈곤을 겪는 시대였다면,

In the past, most people experienced absolute poverty,

지금은 상대적 빈곤을 겪는 시대가 된 거예요.

but now it has become an era of experiencing relative poverty.

히에우 유나 씨, 한국은 돈 쓰기 참 편리한 나라 같아요.
Yuna, Korea seems like a very convenient country for spending money.

유나 네? 돈 쓰기 편리한 나라? 그게 무슨 말이에요?
What? A convenient country for spending money? What do you mean?

히에우 일단 은행 업무가 아주 빠르고요, 결제 방식도 참 잘 되어 있는 것 같아요.
First of all, banking services are very fast, and the payment system seems to be well established.

유나 맞아요. 저는 한국 사람이라서 잘 모르고 살았는데, 외국에 나갔을 때 은행 업무를 봐 보니 한국이 빠른 편이더라고요.
That's true. As a Korean, I didn't notice until I went abroad and experienced banking services there that Korea is faster.

그때 한국의 은행 업무 처리 속도가 정말 대단하다고 느꼈어요.
That's when I realized that the speed of Korea's banking services was truly amazing.

2

지갑은 장식품이 되어 버렸어요.

talk talk 단어 · 표현
• 업무: 직장 등에서 맡아서 하는 일

talk talk 단어 · 표현

- 인터넷 뱅킹: 인터넷이 연결된 곳이라면 어디서든지 은행 업무를 볼 수 있게 하는 서비스
- 페이(Pay) 결제: 스마트폰의 어플리케이션으로 돈을 냄.
- 장식품: 아름답게 꾸미는 데 쓰이는 물품

문법 check!

- N도 A/V + −지만: 상태나 행동이 같은 것이 둘 이상이지만 그중 뒤의 것의 상태나 행동을 강조할 때 쓰는 말
- N 하나로: 도구 한 가지로 다양한 일을 할 수 있음을 강조할 때 쓰는 말

히에우 그렇죠. 게다가 한국은 인터넷 뱅킹이 잘 되어 있어서 은행을 직접 갈 일이 별로 없어요.

Exactly. Plus, Korea has a well-established Internet banking system, so there is little need to go to the bank in person.

아, 그리고 저는 결제할 때 주로 페이를 쓰는데요,

Oh, and when I make payments, I usually use Pay.

신용 카드 사용도 편리하지만, 페이 결제 방식이 특히나 편리하더라고요.

Credit card usage is convenient, but the Pay payment system is even more convenient.

유나 맞아요. 핸드폰 하나로 일반적인 결제 기능뿐만 아니라 교통 카드 기능도 사용할 수 있어서

Right. You can use not only the general payment function but also the transportation card function with just one smartphone,

지갑이 따로 필요 없다니까요.

so there's no need for a separate wallet.

히에우 저도 지갑은 장식품이 되어 버렸어요. 거의 핸드폰만 들고 다녀요.

My wallet has become an accessory. I mostly carry only my smartphone.

상훈 웨이 씨도 주식 투자를 하나요?

Wei, do you invest in stocks too?

웨이 네, 하죠. 요즘 20~30대가 주식 투자에
관심이 많다더라고요.

Yes, I do. These days, people in their 20s
and 30s are very interested in stock
investments.

상훈 그렇군요. 저는 사실 주식 투자를 시작한 지
얼마 안 됐어요.

I see. I actually haven't been investing in
stocks for long.

웨이 그래요? 왜요?

Oh, why is that?

상훈 제가 어렸을 때는 주식 투자에 대한 부정적인
인식이 있었거든요.

When I was young, there was a negative
perception of stock investments.

뭐랄까…. 도박 같은 느낌?

How do I say this…. It seemed like gambling?

웨이 네? 도박이요?

Gambling?

주식 투자에 대해 공부해야 해요.

talk talk 단어 · 표현

- 얼마: ① 잘 모르는 수
  량이나 정도, ② 정하
  지 않은 수량이나 정도,
  ③ 적은 수량이나 값
  또는 정도. 여기서는 ③
  의 뜻
- 도박: 돈이나 재산을 걸
  고 내기를 함.

talk talk 단어·표현

* 삐딱하다: ① 몸이나 사물이 한쪽으로 기울어져 있다, ② 생각이나 말, 행동 등이 바르지 못하다. 여기서는 ② 의 뜻
* 단기: 짧은 기간
* 투자처: 투자를 할 곳 (회사)

문법 check!

* V + -자면: 어떤 의도나 생각을 조건으로 둠을 나타낼 때 쓰는 말

상훈 ▶ 네, 사실 지금도 주식 투자를 삐딱한 시선으로 바라보자면 그렇게 보이기도 해요.

Yes, even now, if you look at stock investments in a bad light, it may seem like gambling.

특히 단기 투자는 도박과 비슷한 느낌이 많이 있어요.

Short-term investments, in particular, have a lot of similarities to gambling.

웨이 ▶ 아, 무슨 말인지 알 것 같아요. 주식 투자는 잘 이해하고 충분히 공부해야 하죠.

Ah, I see what you mean. We need to have a good understanding and study a lot about stock investing.

상훈 ▶ 맞아요. 주식 공부도 하고 투자처 분석도 해야 하는데,

That's right. You need to study stocks and analyze investment options,

"무조건 여기에 돈 넣으면 돈 번다더라." 같은 말을 듣고 투자를 하는 것은 도박을 하는 것과 다름없어요.

but investing based on someone saying, "If you put money here, you'll definitely make money." is no different from gambling.

웨이 ▶ 그래도 요즘은 주식 투자에 대한 정보가 많아지고 인식도 많이 달라졌어요.

But nowadays, there's more information on stock investments, and perceptions have changed a lot.

어떤 사람들은 부동산보다 주식이 오히려 더 안정적일 수 있다고까지 해요.

Some people even say that stocks can be more stable than real estate.

물론 여윳돈으로 장기 투자를 하는 경우에 해당하는 말이지만요.

Of course, this applies to cases where you invest in the long term with extra money.

상훈 저도 지금은 안정적인 주식에만 조금씩 투자하고 있는데,

I'm currently investing a little in stable stocks,

천천히 지켜보고 공부하면서 이것저것 시도해 보려고요.

and I plan to slowly look into it and study while trying various things.

talk talk 단어 · 표현

- 부동산: 땅이나 건물처럼 옮길 수 없는 재산 (돈이나 돈으로 바꿀 수 있는 것)
- 여윳돈: 당장 필요하지 않아 남는 돈
- 장기: 긴 기간
- 시도하다: 어떤 일을 이루기 위하여 계획하거나 행동하다.

문법 check!

- A/V + -고까지: 보통의 상태나 행동의 정도보다 크게 표현한 것임을 나타낼 때 쓰는 말

PART 13-1

Q1 무슨 내용이었죠? 네모 칸을 채워 볼까요?

> 명환이와 마리아는 지금의 ⬚⬚⬚ 상황에 대해 이야기하고 있습니다. 경제 상황이 좋지 않다고 생각하는 명환이와는 다르게 마리아는 ⬚⬚⬚⬚⬚ 데 문제가 없기 때문에 경제 상황이 좋다고 생각합니다. 명환이는 과거에는 대부분의 사람들이 절대적 빈곤을 겪는 시대였다면, 지금은 ⬚⬚⬚ 빈곤을 ⬚⬚ 시대가 되었다고 말하였습니다.

Q2 다음 문법 표현에 제시어를 넣어 문장을 만들어 볼까요?

1) N(이)나 다름없다

┌─────────── ● 제시어 ● ───────────┐
│   가족   │
└──────────────────────────────────┘

➡ 우리는 늘 함께 해 왔기 때문에 거의 _____ 없다.

2) V + -ㄴ/은/는 대로

┌─────────── ● 제시어 ● ───────────┐
│   보다   │
└──────────────────────────────────┘

➡ 지금부터 _____ 말씀해 주십시오.

정답 ....

Q1 경제, 먹고사는, 상대적, 겪는   Q2 1) 가족이나 다름
                                            2) 본 대로

Q1 무슨 내용이었죠? 네모 칸을 채워 볼까요?

히에우와 유나는 한국의 은행 업무와 ⬜ 방식에 대해 이야기
하고 있습니다. 히에우와 유나는 한국이 은행 업무가 빠른 편이고
결제 방식이 ⬜ 하다는 것에 서로 공감하며, 특히 ⬜ 결제
방식은 핸드폰 하나로 일반적인 결제 기능과 ⬜ 카드 기능을
사용할 수 있어서 ⬜ 을/를 따로 가지고 다니지 않아도 된다고
말하였습니다.

Q2 다음 문법 표현에 제시어를 넣어 문장을 만들어 볼까요?

1) N도 A/V + –지만

● 제시어 ●
비싸다

➡ 그 카페는 커피도 _____ 특히 디저트가 비싸다.

2) N 하나로

● 제시어 ●
공식

➡ 이 _____ 모든 문제를 풀 수 있지요.

정답

Q1 결제, 편리, 페이, 교통, 지갑

Q2 1) 비싸지만
2) 공식 하나로

Q1 무슨 내용이었죠? 네모 칸을 채워 볼까요?

상훈이와 웨이는 　　　　 투자에 대해 이야기하고 있습니다. 상훈이는 어렸을 때 주식 투자에 대한 　　　　 인 인식이 있었고, 특히 　　　　 투자는 지금도 도박과 비슷한 느낌이 있다고 생각합니다. 웨이는 주식 투자는 잘 　　　　 하고 충분히 공부해야 한다고 설명하며 지금은 예전과는 다르게 주식 투자에 대한 　　　　 이/가 많아지고 인식도 달라졌다고 말하였습니다.

Q2 다음 문법 표현에 제시어를 넣어 문장을 만들어 볼까요?

1) V + -자면

● 제시어 ●

들다

➡ A: 저는 채소를 좋아해요.

B: 예를 _____ 당근이나 감자 같은 거요?

2) A/V + -고까지

● 제시어 ●

그만두다

➡ 그는 건강이 나빴을 때 회사를 _____ 했었다.

정답

Q1 주식, 부정적, 단기, 이해, 정보

Q2 1) 들자면
2) 그만둔다고까지

'돈'은 돌고 돌아서 '돈'이다?

'돈은 돌고 돌아서 돈이다.'라는 말이 있습니다. 여기저기 왔다 갔다 하는 돈의 특징에서 나온 말이지요. 어떤 용도로 쓰이는지에 따라 '○○금'이라고 표현하곤 하는데요, 결혼식에서 축하하는 뜻으로 주는 돈은 '축의금', 장례식에서 위로하는 뜻으로 주는 돈은 '조의금'이라고 한답니다. 또, 학교에서 공부를 더 잘하라고 격려하는 뜻으로 주는 돈은 '장학금'이라고 하고, 급한 일이 있을 때 쓰기 위해서 준비해 둔 돈은 '비상금'이라고 하지요. 이때 쓰는 '금(金)'은 '황금(gold)'이라는 뜻과 함께 '돈'이라는 뜻도 가지고 있답니다.

여러분은 '잘살고' 싶으세요? 아니면 '잘 살고' 싶으세요?

'잘살다'가 맞을까요? 아니면 '잘 살다'가 맞을까요? 둘 다 맞습니다. 그런데 두 표현은 다른 뜻을 가지고 있지요. 먼저 '잘살다'는 '돈이 매우 많아서 사는 데 부족한 것이 없다.'라는 뜻을 가지고 있습니다. 쉽게 말하면 '부자'라는 뜻이지요. 그러면 '잘 살다'는 무슨 뜻을 가지고 있을까요? '잘 살다'는 '아무 문제없이 편안하다.'라는 뜻인 '잘'과 '(사람이) 생활을 하다.'라는 뜻인 '살다(live)'가 함께 쓰인 표현입니다. 즉, '아무 문제없이 편안하게 산다.'라는 뜻으로 볼 수 있지요. 그러면 여러분에게 다시 한번 물어볼게요. 여러분은 '잘살고' 싶으세요? 아니면 '잘 살고' 싶으세요? 저는 여러분이 잘살고 잘 살았으면 좋겠습니다.

메모

PART
14

정치

1 선거는 최악을 피하는 거래요.

2 수많은 가치와 이해관계가 있어요.

3 꼭 기억해야 할 날이 있어요.

알아 두면 쓸모 있는 한국 문화

[투표를 미리 할 수 있다고요?]
한국에서는 투표일에 출근을 늦게 하거나 출근하지 않을 수 있게 법으로 정해 두었어요. 그래서 모든 사람이 투표를 할 수 있지요. 만약 투표일에 투표를 할 수 없다면, '사전 투표 제도'를 이용하면 돼요. 이 제도는 투표일 전 이틀 동안 남들보다 먼저 투표를 할 수 있고, 자신이 사는 동네가 아닌 곳에서도 투표를 할 수 있답니다.

[외국인도 투표할 수 있나요?]
한국의 선거에는 크게 세 가지가 있습니다. 대통령을 뽑는 대통령 선거(줄여서 '대선'), 국회의원을 뽑는 총선거(줄여서 '총선'), 그리고 지방자치단체장과 지방자치의회의원, 교육감을 뽑는 지방 선거(줄여서 '지선')입니다. 이 중에서 외국인이 참여할 수 있는 선거가 하나 있는데요, 바로 지방 선거입니다. 영주권(F-5 비자)을 가지고 있는 외국인이 3년 이상 한국에 거주하면 투표권이 생겨 한국의 지방 선거에 참여할 수 있답니다.

- 비밀 선거가 원칙이잖아요.

- 처음으로 투표를 포기하고 싶었다니까요.

- 원래 선거라는 게 최악을 피하는 거라고 하잖아요.

- 한쪽만을 일편단심으로 지지하는 경우도 많이 적어졌고요.

- 지금은 수많은 가치와 이해관계가 정치 성향에 영향을 미치죠.

- 5·18 민주화 운동 기념일이에요.

- 대한민국이 민주주의 국가가 되는 데 큰 역할을 했던 사건이에요.

- 한국은 정말 많은 투쟁을 통해서 민주주의 국가가 되었어요.

1

선거는
최악을 피하는
거래요.

📌
talk talk 단어 · 표현
- 원칙: 기본적인 규칙
- 후보: 선거에서 뽑히기 위해 나온 사람

📌
문법 check!
- A/V + -다니까(요), N(이)라니까(요): 자신이 앞서 말한 내용을 다시 확인하면서 자신의 말을 강조할 때 쓰는 말

 대선이 이제 일주일 남았나요?

Is the presidential election just a week away?

 오늘까지 8일 남았어요. 수빈 씨는 누구 뽑을지 정했어요?

There are 8 days left as of today. Have you decided who you're voting for, Subin?

수빈 비밀이에요. 비밀 선거가 원칙이잖아요.

It's a secret. Secret voting is the principle, right?

선호 하하하, 누구인지는 안 알려 줘도 돼요. 뽑고 싶은 사람이 있어요?

Hahaha, I won't tell anyone, so just tell me.

수빈 아니요. 저는 이번 선거가 너무 어렵네요.

Just kidding. This election is so difficult for me.

마음에 드는 후보가 없어서 누구를 뽑아야 할지 정말 모르겠어요.

I really don't know who to vote for.

처음으로 투표를 포기하고 싶었다니까요.

For the first time, I wanted to give up on voting.

선호 ▶ 그래도 투표는 해야죠. 원래 선거라는 게 최선을 택하는 게 아니라 최악을 피하는 거라고 하잖아요.

Still, we have to vote. Elections are not about choosing the best, but avoiding the worst.

수빈 ▶ 맞아요. 들어 봤어요. 그러면 이제부터 후보들에 대해 열심히 찾아보고 누가 최악인지를 알아봐야겠어요.

That's right. I've heard that before. From now on, I think I'll have a closer look at the candidates and try to figure out who the worst is.

선호 ▶ 그래요. 잘 알아보고 나서 최악의 후보를 알게 되면 저에게도 이야기 좀 해줘요.

Yes, please do that and let me know as well.

그런 사람에게 제 표를 줄 수는 없죠.

I can't give my vote away to such a person.

문법 check!
- N(이)라는 게: 앞으로 설명할 어떤 주제를 강조할 때 쓰는 말

talk talk 단어 · 표현
- 최선: 가장 좋음.
- 최악: 가장 나쁨.

2

수많은 가치와 이해관계가 있어요.

문법 check!
- A/V + −다가도: 어떤 상태나 행동이 이어지는 도중에 다른 행동이 생김을 강조할 때 쓰는 말

talk talk 단어 · 표현
- 선거철: 선거하는 날의 앞뒤로 한 얼마 동안의 시기
- 머리기사: 신문이나 잡지 첫 부분에 있는 중요한 기사
- 일편단심: 변하지 않는 거짓 없는 마음

지수 ▶ 상훈 씨는 정치에 관심이 좀 있나요?
Are you interested in politics, Sanghun?

상훈 ▶ 평소에는 크게 관심이 없다가도 선거철이 되면 선거와 관련된 내용이 인터넷 뉴스의 머리기사로 뜨니까 관심이 생기더라고요.
I'm not really interested in it, but when it comes to elections, election-related content appears as the headline of Internet news, so I become interested.

지수 ▶ 보통 그렇죠. 상훈 씨는 정치 성향이 어느 쪽이에요? 상훈 씨는 젊으니까….
That's usually the case. Which side of the political spectrum do you lean towards? You're young, so….

상훈 ▶ 에이, 그런 기준으로 정치 성향을 나누는 시대는 지났어요.
Hey, the era of dividing political leanings based on such criteria is over.

한쪽만을 일편단심으로 지지하는 경우도 많이 적어졌고요.
There are also fewer cases of people blindly supporting only one side.

지수 ▶ 그렇군요. 왜 정치 성향을 나누는 기준이 과거와 달라졌을까요?
I see. Why do you think the criteria for dividing political leanings have changed from the past?

상훈 먼저, 과거의 청년층은 중 · 장년층이 되었고, 중 · 장년층은 노년층이 되었어요.

First of all, the youth of the past have become middle-aged and elderly, and the middle-aged and elderly have become the elderly.

지수 아, 나이는 정치 성향의 절대적인 기준이 될 수 없겠네요.

Oh, age cannot be an absolute criterion for political leanings.

상훈 네, 그리고 과거에는 한두 가지의 가치가 정치 성향에 큰 영향을 미쳤던 반면,

Yes, and in the past, one or two values had a great influence on political leanings,

지금은 수많은 가치와 이해관계가 정치 성향에 영향을 미치죠.

but now numerous values and interests affect political leanings.

지수 아, 그래서 이젠 정치와 관련한 하나하나의 이슈가 모두 정당이나 후보의 지지율에 영향을 줄 수 있게 되었군요.

Oh, so now every single issue related to politics can affect the support for a party or candidate.

문법 check!

- A/V + -ㄴ/은/는 반면 (에): 서로 반대되는 상태나 행동을 모두 소개할 때 쓰는 말

talk talk 단어 · 표현

- 이해관계: 이익(돈이나 재산 등을 얻음.)과 손해(돈이나 재산 등을 잃음.)가 걸려 있는 관계
- 이슈(issue): 사람들이 다른 의견을 가지고 싸울 수 있는 문제

꼭 기억해야 할 날이 있어요.

마리아 ▶ 5월에는 기념일이 참 많네요. 어린이날, 어버이날, 스승의 날… 아, 부부의 날이라는 기념일도 있던데요?

There are so many commemorative days in May. Children's Day, Parents' Day, Teachers' Day… oh, and there's a day called Couples' Day, right?

선호 ▶ 네, 그래서 5월을 '가정의 달'이라고 해요.

Yes, that's why May is called the "Month of Families."

게다가 5월은 날씨도 정말 좋아서 결혼식도 많아요. 그래서 결혼기념일이 5월에 있는 부부가 많죠.

Also, the weather is really nice in May, so there are many weddings. So, many couples have their wedding anniversaries in May.

마리아 ▶ 와, 5월에는 기념일로 바쁜 하루하루를 보내겠네요.

Wow, in May, we'll be busy with all these special days.

선호 ▶ 그렇죠. 그리고 5월에 꼭 기억해야 할 날이 있어요.

That's right. And there's a day in May that we must remember.

마리아 ▶ 어떤 날이요?

Which day is that?

선호 ▶ 5 · 18 민주화 운동 기념일이에요.
It's the May 18th Democratization Movement Memorial Day.

마리아 어? 들어 본 것 같아요.
Oh? I think I've heard of it.

선호 ▶ 5 · 18 민주화 운동은 대한민국이 민주주의 국가가 되는 데 큰 역할을 했던 사건이에요. 광주에서 있었던 일이고요.
The May 18th Democratization Movement played a significant role in South Korea becoming a democratic nation. It took place in Gwangju.

마리아 무슨 일이 있었나요?
What happened?

선호 ▶ 1980년에 '전두환'이라는 군인이 쿠데타를 일으켜서 군사 독재 정권을 세웠는데 이것을 반대하는 시위였어요.
In 1980, a military officer named Chun Doohwan staged a coup and established a military dictatorship. This was a protest against it.

정말 많은 광주 시민들이 죽기도 하고 다치기도 했죠.
Many Gwangju citizens were killed and injured.

talk talk 단어 · 표현

• 민주화: 민주적(모든 사람이 평등한 권리와 자유를 갖는 것)으로 바뀌는 것
• 민주주의: 국민이 권력을 가지고 국민을 위해 정치해야 한다는 사상
• 쿠데타: 군대의 힘으로 정치 권력을 빼앗으려고 갑자기 벌이는 행동
• 독재: 어떤 사람이나 집단이 모든 권력을 차지하고 마음대로 하는 정치

문법 check!

• V + -는 데 큰 역할을 하다: 어떤 일을 하는 것에 큰 도움이나 영향을 줌을 나타낼 때 쓰는 말

마리아 ▶ 정말 힘든 싸움이었군요.

It must have been a tough struggle.

선호 ▶ 1960년의 4 · 19 혁명, 1980년의 5 · 18 민주화 운동, 그리고 1987년의 6월 민주 항쟁….

The April 19th Revolution in 1960, the May 18th Democratization Movement in 1980, and the June Democratic Movement in 1987….

한국은 정말 많은 투쟁을 통해서 민주주의 국가가 되었어요.

Korea has become a democratic nation through many struggles.

마리아 ▶ 그렇군요. 알려 줘서 고마워요, 선호 씨. 꼭 기억할게요, 5월 18일.

I see. Thank you for telling me, Seonho. I'll definitely remember it, May 18th.

talk talk 단어 · 표현

- 항쟁: 맞서 싸움.
- 투쟁: 무언가를 얻거나 극복(나쁜 조건이나 힘든 일 등을 이겨냄.)하기 위해 싸움.

문법 check!

- N을/를 통해(서): 둘 사이를 어떤 것으로 연결함을 나타낼 때 쓰는 말

PART 14-1

Q1 무슨 내용이었죠? 네모 칸을 채워 볼까요?

수빈이와 선호는 ⬜에 대해 이야기하고 있습니다. 수빈이는 마음에 드는 ⬜이/가 없어서 누구를 뽑아야 할지 몰라 처음으로 ⬜을/를 포기하고 싶다고 생각했습니다. 선호는 수빈이에게 원래 선거라는 게 최선을 택하는 게 아니라 ⬜을/를 피하는 것이라며 투표는 해야 한다고 말하였습니다. 수빈이는 이제부터 후보들에 대해 열심히 찾아보고 최악의 후보를 피하려고 합니다.

Q2 다음 문법 표현에 제시어를 넣어 문장을 만들어 볼까요?

1) A/V + -다니까(요), N(이)라니까(요)

● 제시어 ●
서다

➡ 그 식당은 손님이 많아서 점심때마다 줄을 _____ .

2) N(이)라는 게

● 제시어 ●
사업

➡ _____ 돈만 있다고 다 잘 되는 건 아니잖아요.

정답

Q1 선거, 후보, 투표, 최악

Q2 1) 선다니까(요)
2) 사업이라는 게

Q1 무슨 내용이었죠? 네모 칸을 채워 볼까요?

> 지수와 상훈이는 ▨▨▨ 성향에 대해 이야기하고 있습니다. 나이로 정치 성향을 나누려는 지수에게 상훈이는 과거에는 한두 가지의 가치가 정치 성향에 큰 ▨▨▨을/를 미쳤던 반면, 지금은 한쪽만을 일편단심으로 ▨▨▨하는 경우도 많이 적어졌고 수많은 ▨▨▨와/과 이해관계가 정치 성향에 영향을 미친다고 말하였습니다.

Q2 다음 문법 표현에 제시어를 넣어 문장을 만들어 볼까요?

1) A/V + -다가도

┌─────────── ● 제시어 ● ───────────┐
│   밉다   │
└─────────────────────────────────┘

➡ 그는 그녀가 _____ 다시 좋아지곤 했다.

2) A/V + -ㄴ/은/는 반면(에)

┌─────────── ● 제시어 ● ───────────┐
│   활기차다   │
└─────────────────────────────────┘

➡ 경기에서 이긴 A조는 _____ 진 B조는 침울하다.

정답

Q1 정치, 영향, 지지, 가치

Q2 1) 밉다가도
　　　2) 활기찬 반면(에)

Q1 무슨 내용이었죠? 네모 칸을 채워 볼까요?

> 마리아와 선호는 5·18 ☐☐☐ 운동 기념일에 대해 이야기하고
> 있습니다. 선호는 5·18 민주화 운동은 광주 시민들이 군사 ☐☐
> 정권에 대해 ☐☐ 했던 시위로, 1960년의 4·19 혁명, 1980년의
> 5·18 민주화 운동, 1987년의 6월 민주 ☐☐ 등의 많은 투쟁을
> 통해서 대한민국이 ☐☐☐☐ 국가가 되었다고 말하였습니다.

Q2 다음 문법 표현에 제시어를 넣어 문장을 만들어 볼까요?

1) V + -는 데 큰 역할을 하다

┌─────────────── 제시어 ───────────────┐
│   바꾸다   │
└─────────────────────────────────────┘

➡ BTS는 한국의 이미지를 ＿＿＿＿＿＿＿＿＿＿＿＿ 했다.

2) N을/를 통해(서)

┌─────────────── 제시어 ───────────────┐
│   노력   │
└─────────────────────────────────────┘

➡ 그는 끊임없는 ＿＿＿＿＿＿＿＿ 결국 합격하고야 말았다.

정답

Q1 민주화, 독재, 반대, 항쟁, 민주주의

Q2 1) 바꾸는 데 큰 역할을
2) 노력을 통해(서)

'선거'와 '투표'는 같은 말인가요?

대통령이나 국회의원 등 여러 후보들 중에 한 사람을 뽑을 때 '선거'라고도 하고 '투표'라고도 합니다. 하지만 정확하게 말하면 '선거'와 '투표'는 조금 다른 뜻을 가지고 있습니다. 먼저 '선거'라는 단어를 국어사전에서 찾아보면 '어떤 조직이나 집단의 대표자나 임원을 뽑는 일'이라고 나와 있습니다. 즉, 여러 후보들 중 누군가를 선택하고 뽑는 모든 과정을 말하는 것이지요. 다음으로 '투표'라는 단어를 국어사전에서 찾아보면 '종이에 의사를 표시해서 내는 일'이라고 나와 있습니다. 즉, 자신의 의견을 표현하는 하나의 방법으로 종이에 표시하는 것을 말하는 것이지요. 간단하게 다시 정리하자면 이렇습니다. 선거는 뽑는 일, 투표는 뽑는 방법 중 하나!

임준 씨는 '진보'예요, '보수'예요?

정치에 관한 생각을 나누다 보면 조심스럽지만 물어보게 되는 것이 있습니다. "임준 씨는 진보예요, 보수예요?" 어느 나라에서나 정치는 중요한 주제이기 때문에 '진보'와 '보수'라는 단어는 알고 있을 것입니다. 하지만 막상 설명하기에는 어려운 단어지요. 그래서 주로 정치에서 '진보'라고 부르는 '진보주의(progressive)'와 '보수'라고 부르는 '보수주의(conservative)'에서 중요하게 생각하는 단어들을 함께 살펴보려고 합니다. 먼저 진보주의는 '평등, 분배(나눔), 국가의 통제, 변화' 등을 중요하게 생각합니다. 반대로 보수주의는 '경쟁, 성장, 시장의 자유, 안정(유지)' 등을 중요하게 생각하지요. 어떤 시대에 어떤 나라에서 사는지에 따라서 조금씩은 다르게 느낄 수 있지만 이론적으로 정리하면 이렇답니다. 아, 그러면 진보주의와 보수주의의 중간은 뭐라고 할까요? 바로 '중도주의(moderate)'라고 합니다. 주로 '중도'라고 부르지요.

메모

PART
15

 MP3 15

환경

1 저희 가족은 매년 참가하고 있어요.

2 몰디브가 가라앉고 있대요.

3 인류는 답을 찾아낼 거예요.

알아 두면 쓸모 있는 한국 문화

[쓰레기를 버릴 때 돈을 내야 하나요?]

한국에서는 돈을 내고 쓰레기를 버립니다. 쓰레기를 버리며 직접 돈을 내는 것이 아니라, '쓰레기 종량제(무게, 길이, 양에 따라 요금을 매기는 제도) 봉투'를 사면서 돈을 내는 것이지요. 그런데 왜 쓰레기를 버릴 때 돈을 낼까요? 한국에서 돈을 내고 쓰레기를 버리기 시작한 것은 1995년부터입니다. 돈을 내지 않고 쓰레기를 버리던 때의 사람들은 분리수거도 거의 하지 않았고 쓰레기의 양도 지금보다 훨씬 많았습니다. 지금 월드컵 공원이 있는 자리가 그때에는 쓰레기 매립장(쓰레기를 묻는 곳)이었는데요, 쓰레기가 너무 많다 보니 다 묻지 못한 쓰레기가 95m나 쌓여 '쓰레기 산'으로 불리기도 하였지요. 그래서 한국에서는 쓰레기 문제를 해결하기 위해서 '쓰레기 종량제'라는 법을 만들어 사람들이 쓰레기를 버릴 때 돈을 내게 했습니다. 그러자 사람들은 쓰레기의 양을 줄이려고 노력하고 분리수거도 열심히 하게 되었고 쓰레기의 양도 크게 줄어들었답니다.

- 환경 보호 단체에서 주관하는 행사에 참여하는 거예요.

- 추첨을 통해서 상품을 주더라고요.

- 적게는 100원부터 많게는 500원까지 할인해 주는 식이죠.

- 바다 색깔이 정말 말도 안 되게 예쁘더라고요.

- 2100년이 되면 사실상 몰디브는 바다 밑으로 가라앉게 된대요.

- 지금도 지구 온난화 때문에 이상 기후 현상이 많이 일어나잖아요.

- 환경 오염에 대한 근본적인 해결 방법도 없는 것 같고요.

- 생각해 보니 다들 나름대로 노력하고 있네요.

저희 가족은 매년 참가하고 있어요.

talk talk 단어·표현
- 주관하다: 어떤 일을 책임지고 맡아 관리하다.

위에밍 유나 씨, 이번 주말에 뭐해요?
Yuna, what are you doing this weekend?

유나 산에 좀 가려고요. 오늘이 식목일이잖아요, 나무 심는 날.
I'm planning to go to the mountain. Today is Arbor Day, the day for planting trees.

위에밍 그렇군요. 그러면 심을 나무를 직접 준비해서 산에 올라가는 거예요?
I see. So, do you prepare the trees yourself and go up the mountain to plant them?

유나 아니요. 환경 보호 단체에서 주관하는 행사에 참여하는 거예요.
No, I'm participating in an event organized by an environmental protection organization.

저희 가족은 매년 참가하고 있어요.
My family participates every year.

위에밍 정말 대단하네요.
That's really great.

문법 check!
- A/V + -기는(요): 앞의 내용이 맞지 않음을 나타낼 때 쓰는 말

유나 대단하기는요. 자연으로 놀러도 갈 겸 자연 보호도 할 겸 참여하는 거예요.
It is. We participate to both enjoy nature and protect it.

가족과 좋은 추억을 만들 수 있어서 좋더라고요.

It's nice to create good memories with my family.

위에밍 그 행사는 매년 진행하나요?

Is the event held every year?

유나 네, 나무 심는 행사 말고도 환경을 보호하기 위한 다양한 행사들이 열려요.

Yes, there are various events held to protect the environment, not just tree planting.

위에밍 어떤 행사가 열려요?

What kind of events are held?

유나 국가나 지역, 기업 단위로 다양한 행사가 열려요.

There are various events held by the nation, region, and businesses.

예를 들면, 다회용기, 장바구니, 손수건 등의 친환경 제품을 사용했다는 인증샷을 SNS에 올리는 환경 보호 챌린지가 있었어요.

For example, there was an environmental protection challenge where people posted photos on social media showing they used eco-friendly products like reusable containers, shopping baskets, and handkerchiefs.

talk talk 단어 · 표현
- 인증샷: 어떤 상태나 행동을 사진으로 찍어 증명함.

talk talk 단어 · 표현

• 추첨: 미리 기호나 글을 적어 둔 후 그중 골라잡아 승부나 차례 등을 결정함.

• 실천하다: 생각한 것을 실제로 행동하다.

문법 check!

• 적게는 [수량]부터 많게는 [수량]까지, 작게는 [크기]부터 크게는 [크기]까지: 범위를 나타낼 때 쓰는 말

추첨을 통해서 상품을 주더라고요.

There were prizes given out through a drawing.

위에밍 ▶ 와, 재미있어 보여요.

Wow, that sounds fun.

유나 ▶ 그리고 식목일이 아니더라도 환경 보호를 실천하는 상점이나 카페에서는 일회용품 안 쓰기 운동을 하기도 해요.

Also, even on non-Arbor Days, shops and cafes that practice environmental protection have campaigns to avoid using disposable items.

비닐봉지를 사용하지 않고 물건을 가져가는 고객이나 플라스틱 컵을 사용하지 않고 텀블러에 커피를 담아 가는 고객에게 적게는 100원부터 많게는 500원까지 할인해 주는 식이죠.

They offer discounts from 100 to 500 won for customers who don't use plastic bags or bring their own tumblers for coffee.

위에밍 ▶ 그렇군요. 저도 환경 보호 행사에 참여해 봐야겠어요.

I see. I should participate in environmental protection events too.

제니 ▶ 상훈 씨는 신혼여행 어디로 다녀왔어요?

Where did Sanghun go for his honeymoon?

상훈 ▶ 몰디브요.

Maldives.

제니 ▶ 와, 정말 좋았겠네요!

Wow, that must have been amazing!

상훈 ▶ 네, 너무 좋았어요. 바다 색깔이 정말 말도 안 되게 예쁘더라고요.

Yes, it was great. The color of the sea was unbelievably beautiful.

다른 것도 다 좋았지만 그 아름다운 바다 색깔은 정말 잊을 수가 없어요.

Everything else was great, but I can't forget that beautiful sea color.

제니 ▶ 상훈 씨의 이야기를 들으니 저도 몰디브에 가고 싶어졌어요.

Hearing your story, I want to go to the Maldives too.

상훈 ▶ 꼭 가 보세요. 그 아름다운 풍경을 언제까지 볼 수 있을지 모르니까요.

You should definitely go. Who knows how long we'll be able to see those beautiful sights.

2

몰디브가 가라앉고 있대요.

talk talk 단어·표현

• 말도 안 되다: 실제로 있을 수 없을 것 같을 정도로 아주 대단하다.

제니 네? 그게 무슨 말이에요?

What do you mean?

상훈 뉴스에서 본 내용인데, 지구 온난화의 영향으로 해수면이 상승해서 몰디브가 가라앉고 있다고 하더라고요.

I saw it on the news, but due to global warming, sea levels are rising, and the Maldives are sinking.

2100년이 되면 사실상 몰디브는 바다 밑으로 가라앉게 된대요.

By 2100, the Maldives will essentially be submerged underwater.

제니 세상에나….

Oh my goodness….

상훈 어디 몰디브뿐인가요? 2050년만 되어도 저지대 섬들은 더 이상 사람이 살 수 없는 곳이 될 거라고 해요.

It's not just the Maldives. By 2050, low-lying islands will become uninhabitable for humans.

제니 환경 문제가 정말 심각하네요. 지금도 지구 온난화 때문에 이상 기후 현상이 많이 일어나잖아요.

Environmental issues are really serious. Even now, there are many extreme weather events due to global warming.

talk talk 단어 · 표현
- 사실상: 실제의 상황으로
- 이상 기후: 정상적인 상태를 벗어난 날씨

문법 check!
- 어디 N뿐인가(요)?: 말한 것 외에도 많음을 나타낼 때 쓰는 말

엄청 덥거나 추운 날씨, 태풍, 폭우,
해일까지….
such as, extremely hot or cold weather,
typhoons, heavy rain, and storm surges.

talk talk 단어·표현
● 해일: 갑자기 바닷물이
높게 솟아서 육지로 넘
쳐 들어오는 것
● 바이러스(virus): 병을
일으키는 아주 작은 미
생물

 맞아요. 게다가 바이러스도 문제예요.
That's right. And viruses are also a problem.

지구가 따뜻해지면서 빙하나 얼어 있던 땅이
녹게 되는데,
As the Earth warms up, glaciers and frozen
ground melt,

그 안에 갇혀 있던 바이러스가 세상에 나오게
되면 인간에게 어떤 영향을 미칠지 모른대요.
releasing trapped viruses into the world. It's
unknown what effect they'll have on
humans.

문법 check!
● V + -아/어 있다: 어
떤 상태가 유지됨을 나
타낼 때 쓰는 말

제니 ▶ 정말 무섭네요.
That's really scary.

3

인류는 답을 찾아낼 거예요.

talk talk 단어 · 표현

• 극단적: 마음이나 행동이 한쪽으로 완전히 치우친 (것)
• 근본적: 어떤 것의 바탕이 되는 (것)

문법 check!

• A/V + −ㄹ/을 만하다: ③ 다른 사람의 감정이나 상태 또는 행동의 이유를 이해함을 나타낼 때 쓰는 말(① PART 03-1, ② PART 06-1 참고) = A/V + −ㄹ/을 만도 하다

 다이 수빈 씨, 요즘 환경 오염이 심각하잖아요.
Subin, these days, environmental pollution is getting really serious, isn't it?

수빈 그렇죠.
Yes, it is.

다이 그러면 우리는 결국 다 죽게 될까요?
So, are we all going to die in the end?

수빈 네? 너무 극단적인 거 아니에요?
What? Isn't that too extreme?

다이 하하하, 요즘 문득 환경 오염이 정말 심각하다는 생각이 들었어요.
Hahaha, I just realized lately how severe environmental pollution is.

저는 환경 오염 때문에 일어날 재해에 대해서 늘 공포를 느끼면서 살거든요.
I always live in fear of the disasters that could happen because of it.

환경 오염에 대한 근본적인 해결 방법도 없는 것 같고요.
And it seems like there's no real solution to environmental pollution.

 수빈 그렇게 느낄 만도 하네요.
It's understandable that you feel that way.

환경 오염 문제가 정말 심각한 것도 맞고,
아직은 환경 오염을 완전히 해결할 방법이
없는 것도 맞으니까요.

Environmental pollution is indeed a serious
problem, and there's no complete solution
yet.

다이 그러면 결국 지구의 인류는 멸망하게 될까요?
지구를 떠나 화성에서 살아가야 하는 걸까요?

Then will humanity on Earth eventually
become extinct? Do we have to leave Earth
and live on Mars?

talk talk 단어 · 표현
• 멸망: 망하여 없어짐.

수빈 저는 조금 다른 생각을 가지고 있어요.

I have a slightly different perspective.

저는 환경 문제가 해결될 수 있을 거라고
봐요. 국가와 기업이 모두 노력하고
있으니까요.

I think environmental issues can be
resolved. Countries and companies are
making efforts.

다이 어떤 노력을 하고 있는데요?

What efforts are they making?

수빈 국가는 여러 환경 정책을 내놓고 있고,

The government is implementing various
environmental policies,

talk talk 단어 · 표현

• 라벨(label): 제품의 이름이나 가격 등을 적어 제품에 붙여 높은 종이나 천 조각

문법 check!

• V + -아/어 보니(까): 어떤 행동 후 생긴 생각이나 느낌을 나타낼 때 쓰는 말

기업은 음료팩의 플라스틱 빨대를 제거한다거나 페트병의 라벨을 없애서 출시한다거나 하는 등의 많은 노력을 하고 있잖아요.

and companies are making many efforts, such as removing plastic straws from beverage packaging or releasing PET bottles without labels.

다이 ▶ 아, 생각해 보니 다들 나름대로 노력하고 있네요.

Ah, now that you mention it, everyone seems to be making their own efforts.

수빈 ▶ 네, 그래서 저는 인류가 이 문제를 완전히 해결할 거고, 지구 온난화는 한때 많이 이야기했던 유행어가 될 거라고 생각해요.

Yes, so I believe humanity will completely solve this problem, and global warming will become a buzzword of the past.

영화 '인터스텔라'에 나오는 대사처럼 인류는 답을 찾아낼 거예요. 늘 그랬듯이.

Just like the dialogue in the movie "Interstellar," humanity will find the answer. As it always has.

PART 15-1

Q1 무슨 내용이었죠? 네모 칸을 채워 볼까요?

> 위에밍과 유나는 ☐☐ 보호 행사에 대해 이야기하고 있습니다.
> 유나는 주말에 가족과 함께 환경 보호 단체에서 주관하는 행사에
> ☐☐ 할 생각입니다. 유나는 나무 심는 행사 말고도 환경을 보호
> 하기 위한 다양한 행사들을 소개하며, 식목일이 아니더라도 환경
> 보호를 ☐☐ 하는 상점이나 카페에서 ☐☐☐☐ 안 쓰기 운동
> 에 참여하고 ☐☐ 도 받을 수 있다고 말하였습니다.

Q2 다음 문법 표현에 제시어를 넣어 문장을 만들어 볼까요?

1) A/V + -기는(요)

┌─────── ● 제시어 ● ───────┐
도와주다
└──────────────────────────┘

➡ A: 남편이 집안일을 많이 도와주나요?

B: _____? 하나도 안 해요.

2) 적게는 [수량]부터 많게는 [수량]까지, 작게는 [크기]부터 크게는 [크기]까지

┌─────── ● 제시어 ● ───────┐
3년 / 500년
└──────────────────────────┘

➡ 이 나무는 _____ 산답니다.

정답 ···
Q1 환경, 참여, 실천, 일회용품, 할인   **Q2** 1) 도와주기는요
                                                    2) 적게는 3년부터 많게는 500년까지

Q1 무슨 내용이었죠? 네모 칸을 채워 볼까요?

제니와 상훈이는 [ ] 에 대해 이야기하고 있습니다. 상훈이는 지구 온난화의 영향으로 [ ] 이/가 상승해서 몰디 브와 저지대 섬들이 가라앉고 있다고 말하였습니다. 제니와 상훈 이는 지구 온난화 때문에 이상 [ ] 현상이 일어나는 것과 빙하 나 얼어 있던 땅이 녹아, 그 안에 갇혀 있는 [ ] 이/가 세 상에 나오게 되는 것을 걱정하였습니다.

Q2 다음 문법 표현에 제시어를 넣어 문장을 만들어 볼까요?

1) 어디 N뿐인가(요)?

● 제시어 ●
과일

➡ A: 요즘 과일값이 너무 올랐어요.

　 B: _____? 생필품도 비싸더라고요.

2) V + -아/어 있다

● 제시어 ●
열리다

➡ _____ 있던 창문을 닫고 에어컨을 틀었어요.

정답
Q1 지구 온난화, 해수면, 기후, 바이러스　　**Q2** 1) 어디 과일뿐인가요
　　　　　　　　　　　　　　　　　　　　　　　　　　2) 열려

Q1 무슨 내용이었죠? 네모 칸을 채워 볼까요?

다이와 수빈이는 환경 ⬜ 문제에 대해 이야기하고 있습니다. 다이는 심각한 환경 오염 때문에 일어날 ⬜ 에 대해서 걱정하며 환경 오염에 대한 근본적인 ⬜ 이/가 없다고 생각합니다. 수빈이는 다이의 말대로 환경 오염 문제가 심각하고, 아직은 환경 오염을 완전히 해결할 방법이 없다는 것을 인정하면서도 환경을 위한 국가와 기업의 ⬜ (으)로 환경 오염 문제가 해결될 수 있을 거라고 생각하고 있습니다.

Q2 다음 문법 표현에 제시어를 넣어 문장을 만들어 볼까요?

1) A/V + -ㄹ/을 만하다

```
●─── 제시어 ───●
화내다
```

➡ A: 평소 친절하던 그 사람이 아주 심하게 화를 냈다면서요?

B: ＿＿＿＿＿＿＿했지요. 상대방이 너무 무례하게 행동했거든요.

2) V + -아/어 보니(까)

```
●─── 제시어 ───●
겪다
```

➡ 그 상황을 직접 ＿＿＿＿＿＿＿＿＿＿ 네 마음을 알겠다.

정답
Q1 오염, 재해, 해결 방안, 노력

Q2 1) 화낼 만
2) 겪어 보니(까)

'묻다'의 뜻은 질문하다? 더러워지다? 덮어서 숨기다?

'묻다'를 국어사전에서 찾아보면 크게 세 가지의 뜻이 나옵니다. 한 가지의 뜻만 있는 것이 아니기 때문에 전체 내용에 따라서 어떤 뜻으로 쓰였는지를 잘 살펴봐야 하겠지요. 먼저 첫 번째는 여러분이 잘 알고 있는 'ask'의 뜻으로, '질문하다'와도 같은 뜻입니다. "모르는 것이 있으면 저에게 물어보세요."와 같이 '물어보다'의 형태로 사용하는 경우가 많지요. 두 번째는 'be smeared'의 뜻으로, '더러워지다'라는 뜻이라고 생각하면 쉽습니다. "컵에 립스틱이 묻었어요."라고 하면 립스틱 때문에 컵이 더러워졌다고 생각하면 돼요. 마지막으로 세 번째는 'bury'의 뜻으로, '덮어서 숨기다'라는 뜻이라고 생각하면 쉽습니다. "보물을 땅에 묻었다."라고 하면 땅을 파서 보물을 넣고 그 위에 흙을 덮어 안 보이게 숨겼다는 뜻이겠지요. '묻다'의 세 가지 뜻을 잘 이해하셨나요? '묻다' 말고도 이렇게 여러 가지의 뜻이 있는 단어들을 잘 정리해 두면 한국어가 훨씬 더 쉬워질 거예요.

묻다	1. 대답이나 설명을 요구하며 말하다.
	2. 먼지, 때, 가루, 액체 등이 달라붙다.
	3. 물건을 특정 장소 속에 넣고 다른 물질로 위를 덮어서 가리다.

메모

PART

16

MP3 16

종교

1 죽음에 대한 다른 관점들이 흥미로워요.

2 착하게 살면 다음 삶에서 복을 받나요?

3 유교는 종교가 아니에요.

알아 두면 쓸모 있는 한국 문화

[한국 사람들은 모두 종교를 가지고 있나요?]

한국은 종교의 자유가 있는 나라예요. 그래서 한국 사람들은 다양한 종교 활동을 하고 있지요. 하지만 대한민국 국민의 절반 정도는 어떤 종교도 가지고 있지 않아요. 이렇게 종교가 없는 것을 '무교'라고 해요. 한국은 종교의 자유가 있기 때문에 어떤 종교를 선택해도 상관없고, 무교를 선택해도 괜찮답니다. 한국갤럽조사연구소에서 2021년에 조사한 결과를 살펴보면, 한국 사람 중에서 종교를 가진 사람은 40% 정도이고 나머지 60%는 무교입니다. 종교를 가진 40% 중에서는 개신교가 17%, 불교가 16%, 천주교가 6%를 차지하고 있습니다. 이외에도 다양한 종교가 있지만 개신교와 불교, 천주교에 비해서는 그 비율이 아주 낮은 편입니다.

- 정말 허무한데요?

- 저는 이 부분에 있어서는 확고한 생각을 가지고 있어요.

- 다시 태어나면 한 번은 혼자 살아 보고 싶어요.

- 착하게 살면 다음 삶에서 복을 받나요?

- 저는 전생에 정말 착하게 살았나 봐요.

- 한국의 예의는 너무 복잡하고 어려워요.

- 모든 일상에 어른을 공경하는 문화가 녹아 있어요.

- 예의는 윗사람과 아랫사람이 서로 존중하는 거예요.

죽음에 대한 다른 관점들이 흥미로워요.

talk talk 단어 · 표현

- 허무하다: 가치 없고 의미 없게 느껴져 허전하고 쓸쓸하다.
- 구체적: 자세한 (것)

문법 check!

- AI/VI + −느니 A2/ V2 + −느니: 서로 반대되는 생각이나 의견 등을 이어서 나타낼 때 쓰는 말

 유나 마이클 씨는 사람이 죽으면 어떻게 된다고 생각해요?

Michael, what do you think happens when people die?

마이클 저는 죽으면 다 끝나는 거라고 생각해요.

I think it's all over when we die.

유나 아, 그래요? 정말 허무한데요?

Oh, really? That's quite bleak, isn't it?

마이클 하하하, 네, 맞아요. 다들 그렇게 말하더라고요.

Hahaha, yes, it is. Many people say that.

몇몇 종교에서는 사람이 죽으면 천국에 간다느니 환생을 한다느니 하는데, 저는 그런 거 안 믿어요.

Some religions claim that people go to heaven or reincarnate after death, but I don't believe in those things.

죽은 사람의 몸은 흙이 되고 물이 되고 공기가 되어 사라지고, 그 사람의 정신 역시 뇌의 기능이 끊기면서 죽음을 맞이하는 거죠.

A dead person's body turns into soil, water, and air, disappearing, and their mind also dies when their brain function ceases.

유나 와, 굉장히 구체적으로 허무하네요.

Wow, that's very specifically bleak.

마이클 하하하, '구체적으로 허무하다.'라니, 정말
재밌는 표현이네요.

Hahaha, "specifically bleak" is a really
interesting expression.

유나 씨는요? 유나 씨는 신을 믿는 사람이니까
죽음에 대해 다른 생각을 하고 있는 거죠?

What about you, Yuna? You believe in God,
so you must have a different view on death,
right?

유나 그렇죠. 저는 이 부분에 있어서는 확고한
생각을 가지고 있어요.

Yes, I have a strong belief in this aspect.

제가 믿는 개신교에서는 죽고 나면 천국 또는
지옥에 간다고 해요.

In my Christian faith, we believe that after
death, we go to heaven or hell.

하지만 저는 죽음에 대한 다른 관점들에도
관심이 많아요.

However, I'm also interested in other
perspectives on death.

마이클 왜요? 죽음에 대해 확고한 생각을 가지고
있으면서 왜 다른 관점에 관심을 가져요?

Why? If you have a strong belief in death,
why are you interested in other
perspectives?

talk talk 단어·표현
• 확고하다: 태도나 상
황 등이 튼튼하고 굳다.

talk talk 단어 · 표현

- 사별: 가족 중 한 명이 먼저 죽어서 헤어짐.
- 사후 세계: 죽은 후의 세계

문법 check!

- N(이)든(지): 어느 것이 선택되어도 차이가 없음을 나타낼 때 쓰는 말
- A/V + −ㄹ/을 수밖에 (없다): 그것 말고는 다른 방법이나 가능성이 없음을 나타낼 때 쓰는 말

유나 ▶ 죽음에 대한 공포가 종교를 만들어 냈다는 관점도 있고, 사별의 슬픔을 달래기 위해 사후 세계를 만들었다는 관점도 있는데,

There's a viewpoint that the fear of death created religions, and another that the afterlife was created to console the grief of losing loved ones.

어떤 관점이든 많은 사람들이 사후 세계에 대한 궁금증을 가지고 수많은 상상을 해 왔다는 것이 정말 흥미롭지 않나요?

Regardless of the viewpoint, many people have been curious about the afterlife and have made countless imaginations, which I find fascinating, don't you think?

마이클 ▶ 맞아요. 살아 있는 동안에는 사후 세계를 절대 겪어 볼 수 없으니 정말 궁금할 수밖에요.

You're right. Since we can never experience the afterlife while we're alive, it's bound to be intriguing.

상훈 지수 씨는 다시 태어나도 지금 남편과 결혼할 거예요?

Jisu, would you marry your current husband if you were born again?

지수 아니요. 그리고 싶지 않아요.

No, I wouldn't want to.

상훈 하하하, 그래요? 남편이 들으면 서운해하겠네요.

Hahaha, really? Your husband might be hurt if he hears that.

지수 남편에게도 다시 태어나면 한 번은 혼자 살아 보고 싶다고 이야기했어요.

I told my husband that I'd like to try living alone if I were born again.

상훈 아! 다른 사람과 결혼해 보고 싶은 게 아니라 결혼을 하지 않고 혼자 살아 보고 싶다는 말이었군요.

Ah! So, you meant you want to try living alone, not marry someone else.

지수 네, 결혼은 한 번 해 봤으니까 이걸로 충분할 것 같아요. 그런데 다시 태어날 수는 없으니 상상만 해 보는 거죠.

Yes, since I've already experienced marriage once, that's enough for me. But we can't be born again, so it's only imagination.

2

착하게 살면 다음 삶에서 복을 받나요?

문법 check!

• V + -아/어 보고 싶다: 어떤 행동을 원할 때 쓰는 말('V + -고 싶다'보다 약한 표현)

talk talk 단어 · 표현

• 삶: ① 사는 일 또는 살
아 있음, ② 목숨 또는
생명. 여기서는 ①의 뜻

상훈 ▶ **왜 다시 태어날 수 없겠어요?**

Why can't we be born again?

**불교에서는 생명이 있는 모든 존재는 삶과
죽음을 반복한다고 믿고 있어요. 이걸
'윤회설'이라고 해요.**

In Buddhism, they believe that all living
beings go through cycles of life and death.
This is called "reincarnation."

지수 ▶ **그래요? 그러면 우리는 이미 다른 삶을
살다가 다시 태어난 거예요? 이번 삶이
끝나면 또 다른 삶을 살 수 있고요?**

Really? So, we've already lived other lives
before being born again? And after this life,
we can live another one?

상훈 ▶ **네, 하지만 이전 삶을 어떻게 살았느냐에
따라서 사람으로 태어날 수도 있고, 동물로
태어날 수도 있고, 또 다른 것으로 태어날
수도 있어요.**

Yes, but depending on how you lived your
previous life, you can be reborn as a human,
an animal, or something else.

문법 check!

• A + -ㄴ가(요)?, V +
-나(요)?: 앞의 내용에
대해 상대방에게 물어
볼 때 쓰는 말('-아/어
요?'보다 부드러운 표현)

지수 ▶ **아, 그렇군요. 그러면 혹시 착하게 살면 다음
삶에서 복을 받나요?**

Oh, I see. So, if we live a good life, will we
be blessed in our next life?

상훈 ▶ **그렇죠.**

Yes, that's right.

talk talk 단어 · 표현

• 전생: 이 세상에 태어
나기 이전의 생애(삶)

지수 ▶ 그러면 저는 전생에 정말 착하게 살았나 봐요.

Then I must have lived a really good life in my previous life.

상훈 ▶ 왜요?

Why?

지수 ▶ 지금 이렇게 행복하게 살고 있잖아요. 이번 삶에서 좋은 남편도 만났고, 좋은 친구인 상훈 씨도 만났고요.

Because I'm living such a happy life now. I met a good husband in this life, and a good friend like Sanghun.

3

유교는 종교가 아니에요.

talk talk 단어 · 표현

● 예의: 사회 생활을 하면 서 당연히 지켜야 할 것
● 잔: 물이나 차, 술 등을 따라 마시는 작은 그릇
● 내려앉다: ① 아래로 내려와 앉다, ② 몹시 놀라 걱정이 되다. 여 기서는 ②의 뜻

마리아 명환 씨, 한국의 예의는 너무 복잡하고 어려워요.

Myeonghwan, Korean etiquette is so complicated and difficult.

명환 왜 그래요? 무슨 일 있었어요?

Why? What happened?

마리아 네, 어제 회사에서 회식을 했는데, 과장님께서 술을 따라 주신다고 하셔서 한 손에 잔을 들고 팔을 뻗어 받았어요.

Yesterday, we had a company dinner, and my manager offered to pour me a drink, so I held out my glass with one hand.

명환 아이고, 그랬군요.

Oh no, you shouldn't have done that.

마리아 그때는 잘못된 줄 몰랐는데, 집에 돌아갈 때 회사 동료가 어른이 주시는 술은 두 손으로 받아야 한다고 하더라고요.

I didn't know it was wrong at the time, but on my way home, a coworker told me that when a senior pours you a drink, you should receive it with both hands.

그 말을 듣고 심장이 철렁 내려앉았어요.

When I heard that, my heart sank.

명환 많이 놀랐겠네요.

You must have been really surprised.

마리아 씨는 한국 사람이 아니라서 그런 예의가 익숙하지 않은 것이 당연하죠.

But it's natural for you, Maria, to be unfamiliar with such etiquette because you aren't Korean.

과장님도 이해하실 거예요.

I'm sure your manager will understand.

마리아 ▶ 그래서 또 실수하지 않으려고 한국의 예의에 대해서 인터넷 검색도 해 보고 친구들에게 물어보기도 했어요.

So, I tried not to make the same mistake again by searching online about Korean etiquette and asking my friends.

어른을 대할 때 지켜야 할 예의들이 정말 많더라고요.

And I found out that there are so many rules to follow when dealing with adults.

명환 ▶ 맞아요. 한국에서는 밥을 먹거나 술을 마실 때는 물론, 모든 일상에 어른을 공경하는 문화가 녹아 있어요.

That's right. In Korea, there is a culture of respecting elders in every aspect of life, not only when eating or drinking.

오랜 시간 쌓아 온 어른의 지혜에 대해 존경을 표현하는 것이죠.

It's about expressing respect for the wisdom accumulated by elders through their longer experience.

문법 check!
• A/V + -(으)려고: 목적을 나타낼 때 쓰는 말

talk talk 단어 · 표현
• 공경하다: 예의 바르게 대하여 모시다.
• 존경: 어떤 사람의 성격이나 행동을 높이 생각하여 대함.

talk talk 단어 · 표현

● 존중: 의견이나 사람을
높게 보아 중요하게 생
각함.

마리아 ▶ 그러면 한국의 예의는 아랫사람이 윗사람에게
지켜야 하는 규칙 같은 것인가요?

So, is Korean etiquette a set of rules that
subordinates must follow towards their
superiors?

명환 ▶ 그건 아니에요. 예의는 윗사람과 아랫사람이
서로 존중하는 거예요.

Not exactly. Etiquette is about mutual
respect between superiors and
subordinates.

간혹 윗사람이 아랫사람에게 무조건 자기
의견만 따르도록 하는 경우가 있는데, 그건
예의라고 볼 수 없어요.

Sometimes, superiors may force their
opinions on subordinates, but that cannot
be considered etiquette.

마리아 ▶ 그렇군요. 제가 최근에 한국은 유교 문화를
가지고 있다는 말을 들었는데, 유교는
종교인가요, 문화인가요?

I see. I recently heard that Korea has
Confucian culture. Is Confucianism a
religion or a culture?

명환 ▶ 사실 유교는 종교라고 볼 수 없어요.

Actually, Confucianism cannot be
considered a religion.

그러나 기독교가 서양의 역사와 문화에 큰
영향을 끼쳤듯이

However, just like Christianity had a
significant influence on Western history and
culture,

유교는 동양의 역사와 문화에 큰 영향을
끼쳤어요. 그 부분이 유교와 종교의 닮은
점이죠.

Confucianism has had a significant influence
on Eastern history and culture. They share
similarities in that respect.

마리아 와, 재미있네요.

Wow, that's interesting.

문법 check!

• A/V + −듯(이): 뒤의
  내용이 앞의 내용과
  거의 같음을 나타낼
  때 쓰는 말

PART 16-1

Q1 무슨 내용이었죠? 네모 칸을 채워 볼까요?

> 유나와 마이클은 ⬜ 이후의 세계에 대해 이야기하고 있습니다. 마이클은 사람이 죽으면 다 끝나는 것이라고 생각하고, 유나는 사람이 죽으면 ⬜ 또는 지옥에 가는 것이라고 생각합니다. 유나는 죽음에 대한 다른 ⬜ 들에도 관심이 많은데, 어떤 관점이든 많은 사람들이 사후 세계에 대한 ⬜ 을/를 가지고 수많은 ⬜ 을/를 해 왔다는 것이 흥미롭다고 말하였습니다.

Q2 다음 문법 표현에 제시어를 넣어 문장을 만들어 볼까요?

1) N(이)든(지)

```
●──── 제시어 ────●
        무엇
```

➡ _____ 너무 지나치면 좋지 않다.

2) A/V + -ㄹ/을 수밖에 (없다)

```
●──── 제시어 ────●
       돌아가다
```

➡ 소풍을 가려고 했지만 비가 와서 _____ 없었다.

정답
Q1 죽음, 천국, 관점, 궁금증, 상상   **Q2** 1) 무엇이든(지)
                                                    2) 돌아갈 수밖에

Q1 무슨 내용이었죠? 네모 칸을 채워 볼까요?

상훈이와 지수는 불교의 ☐ 에 대해 이야기하고 있습니다.
상훈이는 지수에게 생명이 있는 모든 존재는 ☐ 와/과 죽음을
☐ 한다고 믿는 불교의 윤회설을 소개하며, 이 윤회설에서는 이전
삶을 ☐ 살았느냐에 따라서 ☐ (으)로 태어날 수도 있
고 동물로 태어날 수도 있고 또 다른 것으로 태어날 수도 있으며,
착하게 살면 다음 삶에 ☐ 을/를 받는다고 말하였습니다.

Q2 다음 문법 표현에 제시어를 넣어 문장을 만들어 볼까요?

1) V + -아/어 보고 싶다

┌─────────── ● 제시어 ● ───────────┐
│   떠나다   │
└──────────────────────────────────┘

➡ 저는 아무 걱정 없이 여행을 _____ .

2) A + -ㄴ가(요)?, V + -나(요)?

┌─────────── ● 제시어 ● ───────────┐
│   완성되다   │
└──────────────────────────────────┘

➡ 선생님, 작품은 언제 _____ ?

정답

Q1 윤회설, 삶, 반복, 어떻게, 사람, 복

Q2 1) 떠나 보고 싶어요
2) 완성되나요

Q1 무슨 내용이었죠? 네모 칸을 채워 볼까요?

마리아와 명환이는 한국의 ▢▢ 에 대해 이야기하고 있습니다. 마리아는 한국의 예의가 너무 복잡하고 어렵다고 생각합니다. 명환이는 한국에서는 모든 일상에 어른을 ▢▢ 하는 문화가 녹아 있는데, 이는 더 많이 지나 온 시간 속에서 쌓아 온 어른의 ▢▢ 에 대해 ▢▢ 을/를 표현하는 것이며, 예의는 윗사람과 아랫사람이 서로 ▢▢ 하는 것이라고 설명하고 있습니다.

Q2 다음 문법 표현에 제시어를 넣어 문장을 만들어 볼까요?

1) A/V + -(으)려고

● 제시어 ●
가다

➡ 너랑 같이 집에 _____ 기다렸어.

2) A/V + -듯(이)

● 제시어 ●
도와주다

➡ 내가 너를 _____ 너도 다른 사람을 도와주렴.

정답 ....

Q1 예의, 공경, 지혜, 존경, 존중

Q2 1) 가려고
2) 도와주었듯(이)

교회, 성당, 절에 가서 뭐 해요?

개신교(Protestant), 천주교(Catholic), 불교(Buddhist)를 믿는 사람들은 어떤 종교 활동을 할까요? 또 한국어로는 그 활동들을 뭐라고 표현할까요? 먼저 개신교와 천주교는 기독교(Christian)에서 나누어진 종교입니다. 같은 신을 믿고 매주 일요일을 '주일(Lord's day)'이라고 부르며 주로 이 일요일에 활동을 하지요. 개신교를 믿는 사람들은 매주 일요일에 '교회(church)'에 가서 '예배(worship)'를 하며 '찬송가(hymn)'를 부릅니다. 그리고 천주교를 믿는 사람들은 매주 일요일에 '성당(church)'에 가서 '미사(worship, mass)'를 드리며 '성가(hymn)'를 부릅니다. 이렇게 한국에서는 개신교와 천주교가 같은 것에 대해 다른 단어를 사용한다는 것을 알 수 있지요. 마지막으로 불교를 믿는 사람들은 '절(Buddhist temple)'에 갑니다. '사찰'이라고도 부르지요. 절에도 교회의 예배, 성당의 미사처럼 '법회(Buddhist ritual)'가 있지만 절은 보통 산속에 있다 보니 법회에 자주 참여하기는 어렵습니다. 그래서 불교를 믿는 사람이 여유가 생기면 개인적으로 '불공(Buddhist prayer)'을 드리는 경우가 많지요. 아, 그리고 불교에서 부르는 노래는 '찬불가(Buddhist hymn)'라고 한답니다.

메모

부록

공부한 내용 한눈에 다시 보기

부록
공부한 내용 한눈에 다시 보기

앞에서 공부한 중요 표현들을 다시 확인해 볼까요?

기억이 나지 않는다면 옆에 적힌 쪽 번호를 보고 되돌아가서 해당 부분을 다시 공부해 봅시다.

[일상 대화 편]

PART 01 | 첫 만남 갖기

PART 02 | 자기소개하기

PART 03 | 축하하기

좋은 책을 만드는 길, 독자님과 함께 하겠습니다.

배워서 바로 써먹는 찰떡 한국어 꿀잼 회화

초 판 발 행	2023년 07월 10일 (인쇄 2023년 05월 25일)
발 행 인	박영일
책 임 편 집	이해욱
저 자	임준
편 집 진 행	구설희 · 김서아
표 지 디 자 인	조혜령
편 집 디 자 인	장성복 · 홍영란
그 림	전성연
발 행 처	(주)시대고시기획
출 판 등 록	제10-1521호
주 소	서울시 마포구 큰우물로 75 [도화동 538 성지 B/D] 9F
전 화	1600-3600
팩 스	02-701-8823
홈 페 이 지	www.sdedu.co.kr

I S B N	979-11-383-1367-4 (14710)
	979-11-383-1365-0 (세트)
정 가	17,000원

※ 이 책은 저작권법의 보호를 받는 저작물이므로 동영상 제작 및 무단전재와 배포를 금합니다.
※ 잘못된 책은 구입하신 서점에서 바꾸어 드립니다.

MP3 다운로드 경로 안내

www.sdedu.co.kr **접속** ➜ 학습 자료실 **클릭** ➜ MP3 **클릭**

➜ '배워서 바로 써먹는 찰떡 한국어 필수 회화' **검색**